GUÍAS PARA VER Y ANALIZAR...

Guías para ver y analizar...
NUEVA TEMPORADA

51. El diablo sobre ruedas
52. Deseando amar
53. Solaris
54. Gladiator
55. La matanza de Texas
56. Lola Montes
57. Up
58. Jennie
59. Melancolía
60. Mystic River
61. El verdugo
62. Network
63. Harry el sucio
64. Alien, el octavo pasajero
65. American Beauty
66. Ladrón de bicicletas
67. Rebeca
68. Perdición
69. Perfect Blue
70. La piel que habito
71. Easy Rider
72. El piano
73. Los idiotas
74. El Evangelio según San Mateo
75. Solo ante el peligro

76. La fiera de mi niña
77. Placido

¿Quieres publicar una *Guía para ver y analizar*?

Si quieres hacernos llegar tu propuesta, asegúrate que cumple las normas de la colección:

- Los textos deberán ser originales y su estilo literario lo más sencillo y claro posible, evitando adoptar un tono excesivamente académico, es decir, un lenguaje "opaco", lo que no implica caer en superficialidad o banalidad.
- La extensión total del texto deberá ser de entre 250.000 y 270.000 caracteres (con espacios y notas incluidos).
- Se procurará utilizar gráficos, esquemas, tablas, dibujos, etc., para facilitar la lectura del texto y el seguimiento del estudio monográfico de la película.
- El texto deberá adoptar, sin perjuicio de los condicionantes particulares de cada película, ni de la autonomía del autor en la redacción del texto, la estructura de los libros de la colección:
  1. Ficha técnica y artística
  2. Introducción
  3. Sinopsis argumental
  4. Estructura del film
  5. Análisis textual
  6. Recursos expresivos y narrativos
  7. Interpretaciones/Apéndices
  8. Equipo de producción y artístico
  9. Bibliografía
- Las propuestas de nuevos libros (que deberán ser inéditos) deberán constar, al menos, de los siguientes documentos:
  1. Justificación
  2. Índice comentado
  3. Bibliografía seleccionada
  4. Breve CV del autor (inferior a 500 palabras).
- Todos los documentos deberán ser entregados en soporte informático. En la página web de Nau Llibres existe una sección específica (http://naullibres.com/guias-para-ver-y-analizar) para el envío de originales.

El Comité Editorial, compuesto por expertos en comunicación audiovisual y educación, comunicará al autor, en un plazo no superior a tres meses, si acepta o no dicha propuesta. Si la respuesta es positiva, se firmará el correspondiente contrato de edición con la editorial y el autor se comprometerá a entregar, en el plazo que en su momento se estipule, un borrador del texto, que será revisado por los miembros del Comité Editorial. El autor deberá recoger las correcciones y sugerencias resultantes de la revisión para modificar convenientemente el texto antes de enviarlo a la editorial para proseguir el proceso de edición, que necesitará de la colaboración del autor para incorporar las ilustraciones y ejemplos previstos.

Plácido

(Plácido)
Luis García Berlanga
(1961)

* * * * *

Kepa Sojo

Para Sonia,
compañera
en el cine
y en la vida

Colección "Guías para ver y analizar" nº 77
Directores:

Javier Marzal Felici Catedrático de Comunicación Audiovisual y Publicidad.
Universitat Jaume I.
Salvador Rubio Marco Catedrático de Estética y Teoría de las Artes.
Universidad de Murcia.

Comité Científico:

Josep Maria Català Domènech Catedrático de Comunicación Audiovisual y Publicidad.
Universitat Autònoma de Barcelona.
José Luis Castro de Paz Catedrático de Comunicación Audiovisual y Publicidad.
Universidad de Santiago de Compostela.
José Manuel Palacio Arranz Catedrático de Comunicación Audiovisual y Publicidad.
Universidad Carlos III.
Eduardo Rodríguez Merchán Catedrático de Comunicación Audiovisual y Publicidad.
In memoriam Universidad Complutense de Madrid.
Santos Zunzunegui Díez Catedrático de Comunicación Audiovisual y Publicidad.
Universidad del País Vasco.

Coordinadora técnica:

Concha Roncal Sánchez Editora de Nau Llibres

Comité Editorial:

Rafael Cherta Puig Catedrático de Lengua y Literatura. IES Henri Matisse Paterna.
Doctor en Comunicación Audiovisual.
Juan Miguel Company Ramón Catedrático de Comunicación Audiovisual y Publicidad.
Universitat de València.
Francisco Javier Gómez Tarín Profesor titular de Comunicación Audiovisual y Publicidad.
Universitat Jaume I
Marta Martín Núñez Profesora titular de Comunicación Audiovisual y Publicidad.
Universitat Jaume I
José María Monzó García Licenciado en Teología y Ciencias Eclesiásticas.
Crítico y ensayista de cine.
Agustín Rubio Alcover Profesor Contratado Doctor de Comunicación Audiovisual y
Publicidad. Universitat Jaume I.

© Kepa Sojo
© De esta edición:
Nau Llibres. Periodista Badía 10. 46010 - València. Tel.: 96 360 33 36
E-mail: *nau@naullibres.com* web: *www.naullibres.com*
Diseño de cubierta y maquetación:
Pablo Navarro, Nerina Navarrete y Artes Digitales Nau Llibres

ISBN_papel: 978-84-19755-43-8

Depósito Legal: V-2546-2024

ISBN_ePub: 978-84-19755-44-5

ISBN_mobi: 978-84-19755-45-2

ISBN_PDF: 978-84-19755-46-9

Impresión: Podiprint

ÍNDICE

I. Ficha Técnica y artística

Título original: Plácido

País de producción: España

Año de producción: 1961

Productora: Jet Films S.A.

Productor ejecutivo: Alfredo Matas

Director: Luis García Berlanga

Argumento: Luis García Berlanga y Rafael Azcona

Guion: Luis García Berlanga, Rafael Azcona, José Luis Colina, José Luis Font

Director de fotografía: Francisco Sempere

Dirección artística: Andrés Vallvé

Montaje: José Antonio Rojo

Música: Miguel Asins Arbó

Ayudante de dirección: Juan Estelrich

Fotografía: B/N 35 mm.

Duración: 83'53 min.

Versión: Doblada

Distribuidora: Incine

Lugares de rodaje: Manresa, Barcelona, Estudios Orphea

Intérpretes:

Casto Sendra "Cassen"	Plácido
José Luis López Vázquez	Quintanilla
Elvira Quintillá	Emilia
Manuel Alexandre	Julián
Mari Carmen Yepes	Martita
Amelia de la Torre	Encarna de Galán
Félix Fernández	Ricardo Guerras, pobre de los Galán
José María Caffarel	Zapater
Xan das Bolas	Rivas
José Orjas	señor Gil, el notario

Roberto Llamas	Damián Olmedo
Laura Granados	Erika
José Gavilán	Don Poli, el dentista
Julia Caba Alba	Concheta
José Álvarez "Lepe"	padre de Emilia
Amparo Soler Leal	Marilú
Antonio Ferrandis	Ramiro
Agustín González	Álvaro Gil
Julia Delgado Caro	María de Helguera
José Franco	Matías Helguera
Carme Contreras	Maruja Helguera
Antonio Gandía	Pascual
Luis Ciges	pobre del dentista
Fernando Delgado	Bañares
Francisco Aguilera	Francisco Aguilera, el primer actor
Carmen Valencia	Maruja Collado
Juan Manuel Simón	Roberto Bonifaz, el joven galán

2. INTRODUCCIÓN. IMPORTANCIA DE PLÁCIDO

2.1. Trascendencia de Plácido y la obra de Berlanga

Plácido (1961) es una de las mejores películas del cine español y una obra básica para comprender el momento histórico en que fue realizada, el franquismo, concretamente el comienzo de la década de los sesenta, una etapa importante de la historia del siglo XX, coincidente con el desarrollismo y el inicio del despegue económico e industrial de España. En este contexto, tras la incipiente apertura de relaciones internacionales de la década anterior, la dictadura de Franco intenta dar un paso adelante en lo que concierne a la economía, polarizando la industria pesada en las principales ciudades del país (Madrid, Barcelona o Bilbao) y promocionando el turismo de costa en busca de divisas extranjeras, necesarias para reflotar la situación monetaria de la nación. Las grandes urbes y la costa reciben un impulso económico y migratorio de los habitantes de las zonas más desfavorecidas del país: Andalucía, Galicia, Murcia, Castilla y Extremadura. Los habitantes de estas regiones buscaban un porvenir halagüeño en las grandes ciudades españolas o en países como Francia, Suiza, Alemania o Bélgica. Las pequeñas ciudades de provincia, entre las que se encuentra la urbe representada en *Plácido,* se quedan en un segundo escalón y muestran una España triste, aburrida, atrasada, insolidaria, religiosa, militarizada y cruel. Esta levítica ciudad provinciana que nos muestra Berlanga, con su mediocridad y patetismo, es la heredera de la *Vetusta* de *La Regenta* (1884-85), de Clarín, o de las ciudades castellanas franquistas de obras como la novela *Entre visillos* (1957), de Carmen Martín Gaite, o de las urbes inmovilistas que aparecen en películas como *Calle Mayor* (1956), de Juan Antonio Bardem.

Plácido continúa la evolución básica de la filmografía de Berlanga, inaugurada una década atrás, con una renovación formal y estilística del cine que se hacía en España durante la primera posguerra. El cine de género, con especial referencia al historicismo de raíz decimonónica, al folklore desde un punto de vista tópico, y a la religión, con la promoción del catolicismo tras la "cruzada", predominaba en un desolador panorama en el que, sin embargo, sobresalían propuestas audaces como las del inclasificable Edgar Neville o las de otros directores tan arriesgados como Carlos Serrano de Osma. La influencia del neorrealismo italiano en los nuevos cineastas, así como la reactivación de un cierto regeneracionismo de inspiración noventayochista en la producción fílmica del momento, nos hacen observar la aparición de algunos directores descontentos con el Régimen desde ópticas tan dispares como el falangismo desencantado o el comunismo clandestino. Tampoco hay que olvidar la labor del Instituto de Investigaciones y Experiencias Cinematográficas (I.I.E.C.), donde estudian algunos renovadores del cine español, ni las Conversaciones de Salamanca de 1955, donde se intentaron analizar y resolver los males endémicos de la cinematografía hispana. En ese contexto surgen *Esa pareja feliz* (1951), realizada y escrita por Berlanga y Bardem; *Bienvenido Mister Marshall* (1952) y *Los jueves milagro* (1957), dirigidas en solitario por el primero; *Cómicos* (1954),

Muerte de un ciclista (1955) y la citada *Calle Mayor*, realizadas por el segundo; *Surcos* (1951) y *El inquilino* (1957), de José Antonio Nieves Conde; *La vida por delante* (1958), de Fernando Fernán-Gómez; *El pisito* (1958), de Marco Ferreri e Isidoro M. Ferry, y *El cochecito* (1960), del italiano en solitario, y, por supuesto, la película que nos ocupa, *Placido*, así como la otra obra maestra de Luis García Berlanga, *El verdugo* (1963), que suponen una evolución lógica del cine español de los cincuenta y optan por continuar la tradición realista española, en vez de utilizar las nuevas maneras narrativas procedentes de Europa desde la irrupción de la *Nouvelle Vague*. En estas renovadoras formas de afrontar el hecho cinematográfico, se inscriben una nueva generación de cineastas más jóvenes que Berlanga, como Carlos Saura, Basilio Martín Patino, Julio Diamante o Miguel Picazo, que optarán por un cine de vocación más autoral, provocado en parte por las conclusiones de las Conversaciones de Salamanca y por la irrupción de la nueva Escuela Oficial de Cine, la E.O.C. como heredera del antiguo I.I.E.C.

Plácido es, junto con *El verdugo*, el punto más alto de la evolución lógica del cine de Berlanga desde sus inicios de los cincuenta, así como una obra con la cual es posible analizar a la perfección la situación de España en los inicios de los años sesenta, tercera década del franquismo, con el incipiente comienzo del desarrollismo. En este contexto, se aprecian en el filme aspectos susceptibles de análisis como: la incomunicación entre clases sociales, la mediocridad de las ciudades de provincia españolas, la desigualdad social, la hipocresía de las clases pudientes, la caridad, o, mejor dicho, la ausencia de ella, la familia, la burocracia, la vivienda… Una de las características principales del cine de Berlanga, presente en *Plácido*, pero también en el resto de su filmografía, es que casi todas sus películas, ambientadas en los momentos en que fueron rodadas, nos presentan una visión y un reflejo al mismo tiempo de la historia de España en la segunda mitad del siglo XX. Así, *Esa pareja feliz* nos muestra la vida cotidiana en el Madrid de inicios de los cincuenta; *Bienvenido Mister Marshall*, la situación de miseria en que se encuentra el agro español en ese momento; *El verdugo*, la contradicción de la España turística que coexiste con la aplicación de la pena capital; y la "trilogía nacional", la España en descomposición del tardofranquismo, la transición a la democracia y la llegada de los socialistas al poder a inicios de los ochenta.

Hay diversas razones para pensar que *Plácido* es la obra cumbre del cine berlanguiano, si bien otras dos películas suyas también pueden ser consideradas obras maestras. Nos referimos a las ya citadas *Bienvenido Mister Marshall* y *El verdugo*. La primera supone un hito en el cine español, y origina un antes y un después en el panorama cinematográfico estatal y en la historia del cine nacional, al conseguir un gran éxito de crítica y público y convertirse en un referente para varias comedias rurales de la época y filmes posteriores, como *Todo es posible en Granada* (1954), de José Luis Sáenz de Heredia; *Aquí hay petróleo* (1956) y *El puente de la paz* (1957), ambas de Rafael J. Salvia, o *El hombre del paraguas blanco* (1958), de Joaquín Romero Marchent. La segunda recoge los principios fundamentales del cine de Berlanga desde inicios de los años sesenta, que se van a marcar por primera vez en *Plácido*, hasta el final de su carrera, así como los rasgos que distinguirán su cine en una fase más evolucionada que la anterior: empleo del plano secuencia, incomunicación de los personajes, protagonismo coral, humor negro, ausencia intencionada de música, crítica social... En *El verdugo*, Berlanga supera baches narrativos de filmes anteriores y logra una plenitud como director que ya se presuponía en la película que nos ocupa.

La presencia de Rafael Azcona en el cine berlanguiano por segunda vez, tras *Se vende un tranvía* (1959), y la colaboración de ambos hasta 1987 se torna fundamental, pues el guionista riojano dota de mayor acidez al discurso de Berlanga. A partir de 1993 y la película *Todos a la cárcel*, la primera escrita sin el riojano, el cine de Berlanga recurrirá a esquemas ya usados y a homenajes y premisas argumentales ya empleadas en sus filmes anteriores. Esta última obra citada recordará mucho a *Plácido*, aunque también a *La escopeta nacional* (1978), mientras que su último largometraje, *París-Tombuctú* (1999), basculará entre *Calabuch* (1956) y *Tamaño natural* (1974) como referentes directos.

El hecho de que consideremos que *Plácido* es, junto a *El verdugo*, la mejor película de Berlanga no desmerece al cine posterior que este llevará a cabo. Por ejemplo, la incomunicación y el desorden, así como los extensos planos secuencia, volverán a desarrollarse en la trilogía nacional y en *La vaquilla* (1985); por su parte, la muerte esperpéntica será atisbada de nuevo en la interesante *Vivan los novios* (1970), en *Todos a la cárcel* o en *Blasco Ibáñez, la novela de su vida* (1996).

2.2. Génesis de Plácido

La idea de *Plácido* procede de una campaña caritativa que se llevó a cabo en unas navidades en Valencia que presenció Berlanga y que le dejó francamente conmocionado. El director valenciano hablaba así del acontecimiento:

> Yo veo en Valencia una campaña de Navidad en favor de la caridad… Cuando veía los coches por las calles de la ciudad anunciando con altavoces la campaña, ya me sentía en un rodaje. En la radio lanzaban cuñas que decían algo así: Toda familia pudiente y cristiana debe acercarse en esta noche de Dios, a los pobrecitos que pasan hambre y tienen frío (Cañeque y Grau, 1993: 36).

Este fue el detonante de un proyecto en el que Berlanga necesitaba un acompañante para escribir un guion que se articulara en torno a una campaña caritativa navideña en una ciudad española de provincias. El valenciano escribió una sinopsis con José Luis Sampedro, no acreditado finalmente en la película, y la presentó a varias productoras, como Uninci, con quien ya había llevado a cabo *Bienvenido Mister Marshall*. También se la hizo llegar a Mizrah, productor francés que se había mostrado interesado previamente por su trabajo. Las respuestas de las empresas con respecto al proyecto fueron negativas.

Berlanga llamó a Rafael Azcona, con quien había colaborado dos años antes, en 1959, en la escritura de un episodio piloto televisivo sobre los timos titulado *Se vende un tranvía*, dirigido por Juan Estelrich, ayudante de Berlanga en *Plácido*, y supervisado por este. Esta curiosa experiencia se convirtió en la primera colaboración entre Berlanga y Azcona y dio comienzo a la etapa más fecunda del cine del primero, que, además de *Plácido*, la citada *Se vende un tranvía* y el sketch del filme colectivo *Las cuatro verdades* (1962) titulado *La muerte y el leñador* (1962), se completa con *El verdugo*.

Berlanga y Azcona escribieron un tratamiento argumental titulado *Siente un pobre a su mesa*, reproducido por *Revista de Occidente* (Berlanga y Azcona, 2017). El guionista riojano recuerda también que el origen del texto inicial de *Plácido* fueron unas campañas caritativas que se hacían en las calles de Madrid, en que una gente joven, seguramente de Acción Católica o de algo diocesano o de Iglesia, pedían dinero en Navidad para que los pobres, por lo menos una vez al año, cenaran. Azcona comentaba lo siguiente al respecto: "A nosotros eso nos pareció un disparate, una crueldad enorme porque si los pobres solo iban a cenar una vez al año, iban *apañaos*" (Soler, 2004). El valenciano y el logroñés se juntaron varias jornadas en el Café Comercial y dieron forma a esta idea, que tuvo poco que ver con el guion definitivo, pero que ya esbozaba lo que podría ser el filme. El tratamiento fue ofrecido a Alfredo Matas por Juan Estelrich, a la postre ayudante de dirección de la película, quien, en un viaje en coche de Madrid a Barcelona con el futuro productor del filme, pasó el texto al barcelonés. En palabras de Alfredo Matas:

> Paramos en el Parador del Ciervo en Los Monegros y Juan me dijo que tenía una sinopsis de Luis que se llamaba *Siente un pobre a su mesa*. Juan me enseño dieciocho folios. Empecé a leer y ya no pude parar. Me gustó muchísimo. Estaba deseando volver a Barcelona para ponerlo en marcha (Cañeque y Grau, 1993: 248-249).

El productor catalán creó la compañía Jet Film expresamente para producir *Plácido*, y estableció un presupuesto de siete millones y medio de pesetas para llevar a cabo el filme, coste mucho más elevado que la media de una película española del momento, que podía llegar a millón y medio o a lo sumo dos. Por su parte, Matas logró implicar económicamente a los empresarios catalanes Jaime Castells y los hermanos Bosch para que participaran económicamente en la película.

El proyecto y el guion sufrieron un contratiempo con la marcha de Azcona a Roma por compromisos laborales previamente adquiridos. Para paliar su ausencia, Berlanga recurrió, para seguir desarrollado el tratamiento del filme, a un guionista y amigo con el que ya había trabajado previamente en *Novio a la vista* (1953) y *Los jueves milagro*, José Luis Colina. Junto a este, entró en el proyecto otro joven guionista con menos experiencia, José Luis Font. El trabajo que desarrolló Berlanga con Colina y Font se limitó a repasar e intentar mejorar lo que ya había escrito con Azcona. Los guionistas se reunían en la casa de Berlanga y creaban directamente situaciones que se reflejaban en borradores que, posteriormente, pasaba Font a máquina en su casa (Berlanga, 1961: 15).

Tras volver Azcona de Roma y debido al retraso del rodaje en varias ocasiones, la productora pidió cambios a los guionistas para rebajar el presupuesto, y Colina y Font se hicieron a un lado. Azcona y Berlanga trabajaron sobre la versión anterior hasta darle varios matices más parecidos a lo que se había planteado en el tratamiento original y llevaron a cabo varios cambios significativos en el guion: se creó el personaje de Martita, la novia del promotor de la campaña, Quintanilla, y Julián, el amigo cojo de Plácido, se convirtió en su hermano. Estas transformaciones se mantuvieron en la versión de guion final, mientras que otras situaciones, como la creación de un ajedrez humano de viejos contra niños en la plaza de toros de la ciudad, no se rodaron finalmente por razones económicas (Berlanga, 1961: 15).

Finalmente, el guion del filme fue autorizado por la Junta de Censura el 11 de febrero de 1961 bajo el título provisional de *Siente un pobre a su mesa,* pese a un controvertido empate en los votos de los vocales, dos a favor y dos en contra, como comenta Zubiaur Gorozika (2021: 189). El lugar elegido para el rodaje fue Manresa porque estaba cerca de Barcelona, ciudad de los productores, que escogieron los estudios Orphea para realizar algunos de los interiores de la cinta. Antes de Manresa se barajaron otras capitales de provincia que pudieran representar a la perfección la mediocridad imperante en estos lugares, entre ellos Cuenca y Vitoria. La ciudad castellanomanchega fue escenario, junto con Logroño y Palencia, de *Calle Mayor*, de Juan Antonio Bardem. Sin embargo, Cuenca no le parecía tan provinciana a Berlanga y le convencía más la capital vasca que, según él, tenía ese aspecto urbanizado y esa sensación burguesa que le faltaba a la primera (Berlanga, 1961: 16). También se habían sondeado otras ciudades como Burgos y Zamora, ya que el filme estaba concebido para una localidad castellana de interior, pero la entrada en la producción de los catalanes llevó el rodaje a Manresa.

El rodaje de *Plácido*, titulada provisionalmente *Los bienaventurados* (Berlanga, 1994: 6), comenzó el 27 de febrero de 1961 (Belinchón, 2022: 48) en la capital de la comarca barcelonesa del Bages, y se desarrolló durante siete semanas, siendo una de las filmaciones más placenteras y tranquilas que llevó a cabo Berlanga, como ha declarado en diversas ocasiones: "Recuerdo aquel rodaje como uno de los más amables y creativos de mi existencia" (Franco, 2005: 98). La ciudad de Manresa se volcó con la película. Los interiores se filmaron en los estudios Orphea de Barcelona y en algunas mansiones barcelonesas, ante la imposibilidad de lograr rodar en casas burguesas de la localidad del Bages.

2.3. Repercusión de la obra

Una vez realizada, la película tuvo que pasar de nuevo por la Junta de Censura antes del estreno y, otra vez, generó controversias entre los censores. Se prohibió el título provisional *Siente un pobre a su mesa*, y Berlanga y los productores se decantaron por el nombre del personaje principal e hilo conductor del relato, Plácido, para titular la película definitivamente. Tres de los censores abogaron por la prohibición del filme, pero el voto favorable de los otros seis permitió su acceso a las pantallas. Las adaptaciones acordadas por los censores solo exigían "acortar la escena de la artista poniéndose la liga", "suprimir el plano de la señora moviendo la cabeza al moribundo para que dé su consentimiento en la boda in articulo mortis" y "modificar la secuencia del centinela, en el sentido en que se aclare que se trata de un cuartel y sustituir el santo y seña 'España' por otro". En la mayoría de los informes individuales se proponía, además, eliminar el rosario, suprimir la frase "son republicanos" mientras el grupo sube las escaleras, y las alusiones a que la pareja de pobres vive en concubinato y en pecado. Finalmente, casi todas estas cuestiones permanecieron en la película sin consecuencia alguna. El filme, a pesar de las observaciones citadas, obtuvo una clasificación de Primera A (Zubiaur Gorozika, 2021: 189).

El estreno de la película se llevó a cabo el 13 de noviembre de 1961 en el cine Pompeya de Madrid y permaneció en cartel hasta el 3 de diciembre del mismo año. La escasa duración del filme en la sala (solo estuvo tres semanas) demuestra el poco interés con el que fue recibido por el público (Perales, 1997: 240). La película fue vista por 21.803 espectadores y recaudó algo más de dos millones de pesetas (unos 12.817 euros actuales) (Sojo Gil, 2009: 351). La gente no fue a ver *Plácido*, a pesar de los excelentes comentarios que cosechó el filme por parte de la crítica especializada del momento.

El estreno de la cinta supuso un cambio significativo en la apreciación del cine de Berlanga. Buena parte de los comentaristas consideraron que era una de las grandes películas del cine español, si no la mejor, valoración que se repitió poco después con *El verdugo*. Además, los críticos destacaron los cambios en la puesta en escena con el recurso a los planos secuencia y a cuadros saturados de personajes. Para los que escriben sobre el filme, el humor tierno de sus anteriores películas evolucionó hacia la crítica social y el humor negro (Aranzubia y Nieto, 2021: 32).

Al que no le gustó absolutamente nada *Plácido* fue a Franco, que la vio en El Pardo en un pase privado, como solía hacer habitualmente con filmes del cine español de la época. Así lo recordaba Alfredo Matas (Cañeque y Grau, 1993: 253). La película, tras su fugaz paso por las pantallas estatales, fue escogida por los seleccionadores españoles para ser presentada al Festival de Cannes. La idea del productor barcelonés era que la película fuese enviada al Festival de Venecia, para recuperar, por medio de ventas internacionales, la inversión realizada. Finalmente, *Plácido* fue seleccionada en la 15ª edición del Festival de Cannes, que se celebró en la ciudad de la Costa Azul entre el 7 y el 13 de mayo de 1962. Fue la segunda ocasión en que Berlanga concursó en el certamen galo, tras haber participado en 1953 con *Bienvenido Mister Marshall*. No sería la última presencia berlanguiana en el festival, ya que en 1979 formó parte del jurado internacional, y en 1981 compitió de nuevo con *Patrimonio nacional* (1980). A pesar de no ganar galardón alguno, Alfredo Matas vendió *Plácido* internacionalmente y recuperó la inversión inicial.

Un mes antes de participar en Cannes, concretamente el 9 de abril de 1962, *Plácido* estuvo presente en la ceremonia de los Oscars de Hollywood celebrada en el Auditorium Santa Monica Civic, en Los Ángeles. La cinta de Berlanga fue seleccionada y nominada a mejor película de habla no inglesa y, aunque no obtuvo la estatuilla, que fue a parar a manos del sueco Ingmar Bergman por *Como en un espejo* (*Såsom i en spegel*, 1961), el viaje sirvió para que el valenciano se codeara con grandes directores del cine estadounidense, como Fred Zinnemann, Josef von Sternberg, Frank Capra o William Wyler. Berlanga ha contado en varias ocasiones lo interesado que se mostró Zinnemann con el rodaje de los planos secuencia, de las escenas con mucha figuración, y lo asombrado que estaba con la puesta en escena del filme llevada a cabo con un presupuesto modesto, si comparamos el cine de Hollywood del momento con el cine español de los sesenta (Garci, 1996: 122). Lejos del glamour de Cannes y de los Oscars, la película obtuvo diversos galardones en escenarios más modestos: Palma de oro del Festival de cine de humor de Bordighera (Italia) en 1963, mejor película y mejor actor (Manuel Alexandre) en los Premios del Sindicato

Nacional del Espectáculo, premio del CEC (Círculo de Escritores Cinematográficos) a la mejor película, a la mejor dirección y al mejor actor de reparto (José Luis López Vázquez), premio San Jorge de la crítica cinematográfica catalana y, por último, premio a la mejor película de la revista *Triunfo* compartido con *A las cinco de la tarde* (1961), de Juan Antonio Bardem, y *Siempre es domingo* (1961), de Fernando Palacios (Sojo Gil, 2009: 352).

2.4. ¿La mejor película de Berlanga?

> Nunca he jerarquizado mis películas. Algunos dicen que la mejor es *Plácido*, otros *El verdugo*. Yo me inclinaría hacia *Plácido* al superar los baches narrativos y de planificación de otras obras anteriores. Una de las bases de que esta será mi mejor película es el equipo de profesionales que trabajó conmigo (Sojo Gil, 2009: 70).

Para Berlanga su mejor filme es *Plácido*, como ha reconocido en varias ocasiones. Él siempre ha vista esta película como su obra más redonda porque todos los elementos encajaban con el tipo de cine que él quería hacer (Cañeque y Grau, 1993: 37). En otra ocasión, comentó que *Plácido* le quedó bien y que era su película mejor rodada (Varios autores, 1996: 113).

Escuchada la opinión del cineasta nos hacemos la pregunta: ¿es *Plácido* la mejor película de Berlanga? Algunos investigadores e historiadores del cine sostienen que sí, aunque otros se decantan por *El verdugo*. Está claro que ambas están consideradas obras maestras de la historia del cine español y las dos forman parte de la etapa plena del cine de Berlanga (1959-1963), además del mediometraje televisivo *Se vende un tranvía* y el sketch de la película colectiva *Las cuatro verdades*, titulado *La muerte y el leñador*, llevados a cabo entre sus dos obras magnas. En algunas publicaciones colectivas sobre Berlanga se ha preguntado a quienes han escrito en ellas sobre la mejor película de la filmografía berlanguiana. Uno de los últimos libros publicados, al hilo del centenario de su nacimiento, es *El universo de Luis García Berlanga* (2021). En opinión de veintiocho especialistas, su mejor filme es *Plácido*, con 115 votos, quedando *El verdugo* en segunda posición, con tan solo dos puntos menos, 113, y *Bienvenido Mister Marshall* obtiene el bronce, a una gran distancia, con 60 votos.

Para considerar *Plácido* la mejor película de Berlanga hay que tener en cuenta varias cuestiones. La primera es que, con este filme, el valenciano llega a la madurez cinematográfica, tras una etapa inicial en que se han presentado y atisbado algunas de las características de su cine, que en *Plácido* y *El verdugo* llegarán a su punto álgido. La segunda es la colaboración de Azcona con Berlanga, que dará un punto más oscuro, esperpéntico y desesperanzador a su cine. Esta colaboración durará desde 1959 hasta 1988. El tándem de guionistas escribirá guiones antológicos como *Plácido*, *El verdugo*, *La escopeta nacional* o *La vaquilla*, que darán lugar a películas con buena recepción crítica o de público, aunque también llevarán a cabo guiones estimables malogrados por razones ajenas a ellos, como *La boutique* (1967). El Berlanga post-azconiano no llegará al nivel del azconiano y recurrirá a la autocita para sacar adelante las películas. La tercera cuestión para considerar el filme que nos atañe como el mejor realizado por Berlanga es el planteamiento técnico que llevará a cabo el valenciano a partir de ahora y que articulará el relato en torno al plano secuencia.

Aunque no siempre coincide la recepción inmediata de la crítica ante una película y la opinión de los expertos tras el paso del tiempo, *Plácido*, tras su estreno, ya fue considerada una gran obra cinematográfica, y ha seguido siendo así con el paso de los años. Si repasamos algunas opiniones acerca de la película de 1961, nos damos cuenta de que algunos de los que escribieron sobre ella opinaban que era el mejor filme de Berlanga, sin la perspectiva de sus posteriores obras y a pesar del mal resultado en taquilla y los premios obtenidos por la cinta. José María García Escudero, referente en el resurgir de nuestra cinematografía de los cincuenta y los sesenta, afirmaba sin ambages que *Plácido* era la mejor película del cine español realizada hasta la fecha y consideraba a Berlanga el mejor director patrio del momento (Aranzubia y Nieto, 2021: 87). En opinión de Carlos Saura, *Placido* era la más clara de las películas de Berlanga, la menos vacilante, la que mejor estaba construida formalmente y, al mismo tiempo si se quiere, la más despersonalizada (ibid.: 88). Quince años más tarde, en 1976, Ángel Fernández Santos, con una perspectiva más amplia respecto a la filmografía de Berlanga, decía que *Plácido* era uno de los filmes más originales y profundos que se han hecho sobre el vacío, la frustración y la inexpresividad que reposa bajo la incontinente verborrea de los hombres reprimidos de España, aludiendo al tema de la incomunicación, y citaba la cinta como obra maestra y uno de los filmes fundamentales del cine español (ibid.: 97).

Hoy día, pasados más de sesenta años del rodaje y estreno de la película, nadie duda de que *Plácido* es una obra maestra del cine español de todos los tiempos y que, junto a *El verdugo*, supone el punto culminante del cine de Berlanga y, quizás, el momento más importante del cine español de todos los tiempos.

3. SINOPSIS ARGUMENTAL

En una ciudad de provincias de la España de inicios de los sesenta, se celebra una campaña solidaria en Navidad denominada "Cene con un pobre". Hay dos tipos de pobres en la ciudad, los de asilo y los de calle. Los desfavorecidos son también utilizados por las monjitas para acompañar en los entierros en que hay poco cortejo. Organizada por un grupo de burguesas ociosas encabezadas por la señora Encarna de Galán, patrocinada por "Ollas Cocinex" y encargada a un individuo llamado Gabino Quintanilla, conocido en la ciudad por ser "el hijo del de las serrerías", el objeto de la campaña es la confraternización de las jerarquías burguesas de la ciudad con los desfavorecidos: Para ello, las familias acomodadas compartirán la cena de esta señalada fecha con un indigente y, en algunos casos, con "estrellas de cine" venidas de Madrid.

Quintanilla anuncia el comienzo de la campaña desde la megafonía instalada en el motocarro de Plácido Alonso, un modesto transportista que tiene problemas para llegar a fin de mes porque debe abonar religiosamente las letras de su vehículo, que ha sido alquilado por la campaña para transportar una enorme estrella navideña y dinamizar la cabalgata previa a la cena. El pago de la dichosa letra, que vence justo el día de Nochebuena, tiene a Plácido en jaque. La familia del transportista es muy humilde. Su esposa Emilia trabaja en unos urinarios públicos y cuida de Paquito y la bebé Emilita, sus dos hijos. Su hermano Julián, que está cojo, reparte cestas navideñas ocasionalmente y hace todo tipo de trabajillos para salir adelante. Además, para celebrar la Navidad con ellos, ha venido el suegro del pueblo.

El acto inicial de la campaña será un estrafalario desfile-cabalgata que partirá de la estación de ferrocarril de la pequeña ciudad de provincias. Hace un frío que pela y los organizadores colocan a los pobres en los vehículos que componen el cortejo. En el tren que llega de Madrid se esperaban estrellas del cine español como Carmen Sevilla, pero solo vienen actores de segunda, aspirantes a actriz y un elenco de supuestos artistas que nadie conoce y que intentan aprovecharse también de la situación. La cabalgata, en su recorrido desde la estación de ferrocarril al casino de la villa, se cruza con un entierro, lo que provoca una situación bastante chocante, con la banda de música y las carrozas rezumando fiesta, y el silencio del trance funerario como contraposición a la vitalidad del desfile. Plácido detiene el motocarro para intentar resolver su problema, ya que en el cortejo funerario participa quien le había vendido el vehículo.

Posteriormente, el transportista irá al banco a intentar pagar la letra, pero la entidad de crédito, ante la ausencia de dinero para abonar los gastos devengados, aparte del efecto en sí, ya la ha pasado a la notaría para seguir el proceso por impago. La burocracia impide al hombre satisfacer su deuda. Más tarde, Plácido intentará vender una cesta navideña de las que Julián tenía que repartir y que, según este, se ha quedado porque el destinatario no la quería, para llegar al importe exigido.

En el casino de la ciudad se lleva a cabo una estrafalaria subasta de artistas para cenar con las familias de la ciudad y los indigentes. Entre las "estrellas" venidas de Madrid, se encuentran actrices de cuarta que hacen figuraciones con frase en películas de romanos, niños cantores al estilo Joselito y actores veteranos y decadentes en el ocaso de sus carreras. Quintanilla se enfada con su novia, Martita, la hija de los Galán, ya que esta flirtea con un actor participante en el evento. En la casa de los "suegros" del organizador, se lleva a cabo un aperitivo retransmitido por la radio local para que todos los oyentes sepan lo que se está haciendo en la ciudad. El pobre asignado a los Galán y la "famosa" actriz que les ha correspondido compiten por dar las respuestas más incoherentes al locutor. Plácido convence a Quintanilla para ir a la casa del notario, ya que este también participa en la campaña, y resolver el dichoso asunto de la letra.

Pero el mayor problema está por llegar. El pobre de otra de las familias pudientes de la ciudad se pone enfermo. Los Helguera, de origen republicano que intentan mantener las apariencias, interpelan a su vecino dentista para que atienda a Pascual, que es como se llama el indigente. A la casa de los Helguera comienza a llegar gente, que se junta con los que ya están allí: el matrimonio Galán, Martita, Quintanilla, el vecino dentista con su pobre y un sacerdote. La confusión es cada vez mayor. El facultativo diagnostica al pobre una angina de pecho y riesgo de deceso. Ante lo que pueda suponer para la familia burguesa cargar con un muerto, el pobre asignado al odontólogo comenta que Pascual vive en concubinato con otra indigente llamada Concheta.

Plácido también arriba a la morada de los Galán con la cesta de Julián para conseguir lo que le falta del pago de la letra y marcharse a cenar con su familia, pero "el hijo del de las serrerías" se lo impide. Le promete resolver el asunto si traslada al moribundo a su domicilio. La familia de Plácido también sube a la casa de los Helguera porque en la calle hace mucho frío. El caos es cada vez mayor.

Finalmente, los organizadores encuentran a Concheta, que está cenando en la casa de una joven actriz llamada Marilú y su amante maduro, y la llevan a casa los Helguera para casarla "in articulo mortis" con Pascual. Tras celebrarse la estrambótica boda, el desdichado indigente fallece y nadie quiere cargar con el muerto por el qué dirán y el escándalo que se puede montar respecto a la campaña. Finalmente, Plácido es convencido para llevar al fallecido a su casa, pero antes pasan por la notaría para abonar lo que faltaba de la letra. El notario se hace cargo del efecto, pero comenta que, al no figurar en el documento el nombre del tenedor, el transportista podría haber pagado la letra cualquier otro día.

El motocarro, con el fiambre, Quintanilla, Plácido y su familia, recorre los fríos arrabales de la ciudad. Llegan a la humilde morada de Concheta y Pascual, ubicada junto a un cuartel militar y una iglesia donde se celebra la Misa del Gallo, y allí se deshacen del muerto. Tras dejar tirado merecidamente a Quintanilla en el humilde barrio, el motocarro llega a la casa de Plácido. Es tarde para cenar. Julián propone comer viandas de la cesta que se había quedado sin repartir. Aparece el último jefe de Julián, el tendero encargado de las cestas, requiriendo al hermano de Plácido la que faltaba y que, según él, el cojo había sustraído. Se monta una bronca tremenda. El comerciante amenaza con denunciar a Julián y a la familia de Plácido por ladrones. El transportista, tras la bronca con el tendero y tras pasar tantas vicisitudes, sigue igual de pobre, aunque haya pagado la letra del motocarro. Es Navidad, pero el ambiente es muy triste y frío. Se oye un lacónico villancico que dice entre otras cosas: "en esta tierra ya no hay caridad, ni nunca la habido ni nunca la habrá". Tristeza en Navidad. Fundido a negro.

4. Estructura del filme

Plácido es una película de estructura narrativa lineal que dura ochenta y tres minutos y cincuenta y tres segundos, que responde a los estándares de duración media de un largometraje, y que sigue la línea de duración de filmes anteriores de Berlanga, que no suelen superar los noventa minutos, a excepción de *Calabuch*, que llega a los noventa y cinco. Es cuatro minutos más corta que la otra obra maestra del periodo, *El verdugo*, que supera por poco los ochenta y siete minutos. La película, que puede dividirse en unidades secuenciales claramente diferenciadas –planteamiento, desarrollo y desenlace–, consta tan solo de treinta y una secuencias, aparte de los títulos de crédito, y de ciento setenta planos, si atendemos al montaje definitivo del filme.

La técnica característica de planificación empleada en *Plácido* y en el cine de Berlanga, desde el comienzo de su colaboración con Azcona, es el plano secuencia. Si nos ceñimos estrictamente a explicar un plano secuencia como aquel que resuelve una secuencia en un plano, sin cortes, en la película tan solo hay ocho de este tipo, las secuencias 1.1, 2.2, 2.10, 2.11, 2.13, 2.18, 3.1 y 3.15. El resto del filme está resuelto principalmente con planos largos, filmados de la misma manera que los planos secuencia, propiamente dichos, y completados con planos cortos y planos recurso, partiendo de un plano master en las secuencias largas, en que se utiliza esta técnica que desarrollaremos y explicaremos más detalladamente en un apartado posterior del libro. En el lado contrario, tan solo hay cuatro secuencias que superan los diez planos: la 6, en la estación ferroviaria, alcanza el número de veintiuno, mientras que la más picada en montaje es la 12, en el salón del casino, que llega a los treinta y siete; la 27, que cuenta el traslado del cadáver, alcanza los catorce, y, finalmente, la 22, la de la casa de Marilú, se queda en diez.

La estructura de la película desarrolla lo que los estudiosos de Berlanga han definido a nivel de guion como arco dramático berlanguiano, una constante que aparece en todas sus películas y que también se observa en *Plácido*. Se trata de una estructura argumental que coloca al protagonista o protagonistas de cada película en una situación de partida normalmente regular o mala. A medida que avanza la cinta, hay una posibilidad de mejora respecto al punto de partida, pero, tras un desenlace negativo, esta se torna peor que la situación de inicio (Sojo Gil, 2009: 42). En la película que nos ocupa, Plácido tiene problemas para llegar a fin de mes. Ha sido contratado junto a su motocarro para la campaña caritativa "Cene con un pobre", pero debe pagar la letra con gastos del vehículo el propio día de Nochebuena. Mientras la campaña se desarrolla, el transportista no encuentra manera de satisfacer el abono. Finalmente, cuando lo hace, el notario le comenta que podía no haberlo hecho porque la letra "carecía de tenedor". La cuestión es que Plácido pasa un calvario absoluto para pagar la letra y, finalmente, en la madrugada de la Nochebuena, llega a casa igual de pobre que antes, teniendo que volver a pagar en un mes, con la familia agotada y sin cenar a causa de la campaña y con una bronca con el jefe de su hermano Julián con respecto a la cesta navideña que este se ha quedado, que deja a Plácido y su familia peor que al principio de la película. Esta estructura de guion se asemeja en forma a un arco que parte de A, sube a B, baja de nuevo a A, y de ahí desciende algo más a C, que es una situación peor que A.

Recordemos la presencia del arco en otras películas de Berlanga. En *Bienvenido Mister Marshall*, los habitantes de Villar del Río, un pueblecito castellano alejado de la mano de Dios, están sumidos en el abandono más absoluto en la España de inicios de los cincuenta (situación inicial mala). Un día, un delegado de gobierno anuncia que los americanos del Plan Marshall van a pasar por la aldea cargados de regalos y que van a mitigar la situación penosa en que se halla el pueblo (opción de esperanza). Empero, los americanos pasan de largo y dejan al pueblo peor que al principio, ya que los campesinos castellanos tienen que pagar los gastos del recibimiento (situación final peor que la inicial).

Veamos otro ejemplo. En *La vaquilla*, en el contexto de la Guerra Civil, los soldados republicanos están muertos de hambre cerca del pueblo de Perales (situación inicial mala). El objetivo de su misión será ir a las fiestas patronales de la villa disfrazados de nacionales y robarles la vaca con la que van a hacer el encierro y la corrida para fastidiarles la juerga y comerse el animal. Hay momentos en que están cerca de hacerlo (opción de esperanza), pero finalmente no consiguen la vaquilla, que queda en tierra de nadie, y además acaban lesionados, humillados y trasquilados, y reciben castigo de sus autoridades (situación final peor que la inicial).

Volviendo a *Plácido*, en lo que respecta a las tres partes (además de los títulos de crédito) en que dividimos el texto fílmico que vamos a analizar a continuación, estas serían las siguientes: planteamiento, nudo o desarrollo y desenlace. La duración de las tres partes está muy desequilibrada, con un breve planteamiento que no llega a los seis minutos, un desarrollo de la historia cercano a la hora y un desenlace que no alcanza los trece minutos. Veamos de manera más detallada la división de la obra en partes, secuencias, planos y duración en el siguiente cuadro.

Partes	Secuencias	Planos	Minutos
Créditos			2:52
Planteamiento (3 secuencias y 7 planos)	1.1. Plaza de la ciudad	1 (1er plano secuencia)	
	1.2. WC públicos	2 a 3	5:59
	1.3. Sucursal bancaria	4 a 7	

Partes	Secuencias	Planos	Minutos
Nudo o desarrollo (22 secuencias y 135 planos)	2.1. Estación ferroviaria	8 a 10	1:02:30
	2.2. Oficina estación	11 (2º plano secuencia)	
	2.3. Estación ferroviaria	12 a 32	
	2.4. Cabalgata calles ciudad	33 a 36	
	2.5. Cabalgata. Extrarradio	37 a 39	
	2.6. Cabalgata centro ciudad	40 a 47	
	2.7. Casino. Salón principal	48 a 54	
	2.8. Casino. Estancias y pasillo	55 a 60	
	2.9. Casino. Salón principal	61 a 97	
	2.10. Casa de los Galán	98 (3er plano secuencia)	
	2.11. Notaría	99 (4º plano secuencia)	
	2.12. WC públicos	100 a 103	
	2.13. Casa de los Galán	104 (5º plano secuencia)	
	2.14. Casa de los Helguera	105 a 106	
	2.15. Casa del dentista	107 a 110	
	2.16. Escaleras	111 a 112	
	2.17. Casa de los Helguera	113 a 116	
	2.18. Exterior edificio	117 (6º plano secuencia)	
	2.19. Casa de Marilú	118 a 127	
	2.20. Casa de los Helguera	128 a 136	
	2.21. Escaleras	137 a 138	
	2.22. Exterior edificio	139 a 142	
Desenlace (6 secuencias y 28 planos)	3.1. Casa del notario	143 (7º plano secuencia)	12:52
	3.2. Casa Concheta	144 a 157	
	3.3. Exterior casa Concheta	158 a 163	
	3.4. Barrio San Sixto	164 a 165	
	3.5. Casa de Plácido.	166 (8º plano secuencia)	
	3.6. Barrio de San Sixto	167 a 170	

5. ANÁLISIS TEXTUAL DE LA PELÍCULA
5.0. Títulos de crédito

`0h. 00' 00"`

Los créditos de *Plácido* poseen evidentes parecidos con los de *El cochecito* y *El verdugo*, quizás por la similitud de la música con la que comienzan las tres películas. Los del filme que nos ocupa, desde el punto de vista de la imagen, son obra de Pablo Núñez, conocido por realizar, posteriormente, créditos de filmes de Almodóvar. Núñez, a quien Loma (2011: 4) considera el Saul Bass español, utiliza técnicas de animación, y estos títulos, que van más allá de la enumeración del equipo técnico y artístico, funcionan como un pequeño cortometraje de animación de unos tres minutos que hace un resumen muy claro de la historia que va a ser narrada. Los créditos de *Plácido* están montados como si se tratase de una historieta o tira cómica cuyo hilo conductor es la campaña navideña "Cene con un pobre". El pedigüeño que aparece junto a la cartela de la película y la del director es un pobre anónimo que luego no aparece en el filme. El movimiento del personaje es sincopado y pautado por la música.

La película se inicia con música de fondo sobre fundido en negro y, a continuación, da paso a los títulos de crédito, sobre fondo gris, que comienzan presentando a la productora, Jet Films. Seguidamente, aparece la figura recortada del citado pobre, en actitud de pedir, y permanecerá en esa postura mientras se sobreimprimen el título de la película y el nombre del director. En ese momento, aparece por primera vez el dibujo de una mano, que será omnipresente y omnipotente y que se encargará de organizar el ritmo de las viñetas (ibid.: 6). La figura del pobre permanece aún de pie y en actitud de petición mientras ve pasar una auténtica caravana de dibujos que, de alguna manera, representan todas las comodidades y placeres mundanos que a él le están vedados, y hacen alusión también a la cabalgata que se va a organizar en la campaña caritativa. De la caravana se descuelga una mesita, a la que se unirá una silla sobre la que se sentará el pobre para comer. Esa será su posición hasta, prácticamente, el final de la secuencia (ibid.: 6). El pobre, provisto de un babero, se sienta a comer un pollo similar al que aparecerá en la caravana, mientras irrumpen dos cartelas de Señoras y Caballeros, como si se tratara de los rótulos de los servicios públicos de la ciudad, para que entren, por orden de aparición, los nombres de los intérpretes del filme. El indigente abre aparatosamente la boca para tragar los trozos de pollo, que ingiere sin utilizar las manos, mientras siguen entrando nombres de más actores y actrices. La mano va sacando y metiendo cartelas de intérpretes, mientras el indigente mueve la cabeza a cada movimiento de la extremidad que, al ritmo de la música, da al pobre un café, una copita, lo desinfecta y le cepilla la ropa, mientras siguen entrando y saliendo nombres de la copiosa lista de intérpretes. Comienzan a irrumpir cartelas del equipo técnico, comenzando por argumento, guion y música, para aparecer de nuevo la mano omnipresente para perfumar al pobre y darle una trompeta, que pone en su boca, movimiento que coincide con el sonido de este instrumento musical. A continuación, la mano coloca en la boca del pobre un puro, para después quitar la mesa velador, poner al indigente sentado durmiendo la siesta y, finalmente, y coincidiendo con las cartelas del productor Alfredo Matas y del director Luis García Berlanga, lanzar al pobre por los aires para que acabe sentado en el suelo, donde se pone a pedir limosna, mirando hacia arriba ligeramente cuando aparece el nombre del director. La "a" final de la palabra Berlanga cae de la cartela y es recogida por el indigente, que se la queda en la mano. Por medio de un zoom de aproximación, nos quedamos con el personaje en buen tamaño. Otra cartela similar a las anteriores nos dice: "Los sucesos y personajes de esta película son imaginarios. Cualquier parecido con otros de la vida real será simple coincidencia. La Productora, Director y Guionistas declinan por ello cualquier responsabilidad que pudiera exigírseles". Se funde a negro y da comienzo la película.

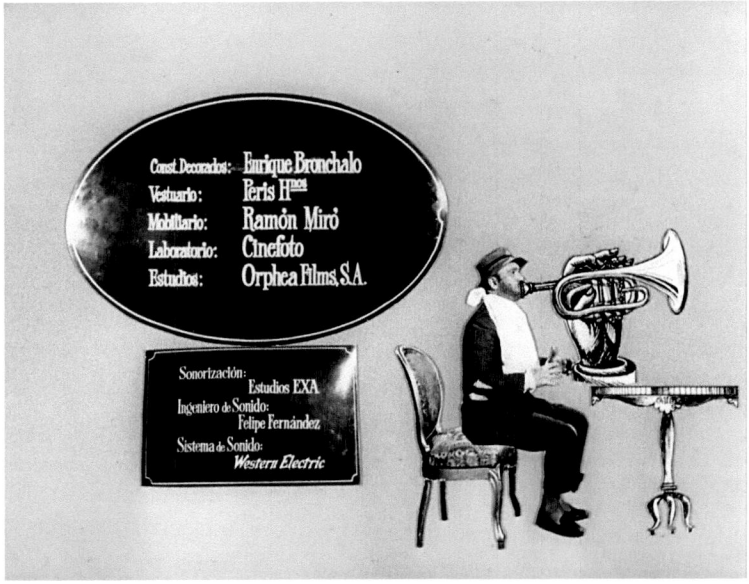

Hay que señalar que las cartelas con las leyendas combinan formas (rectángulos, cuadrados y óvalos) que podrían evocar las típicas de los retratos pictóricos y fotográficos burgueses, y tienen unas cenefas internas que podrían recordar asimismo a los rótulos que señalizan calles y plazas en muchas de nuestras ciudades, precisamente los lugares donde habitan los mendigos y vagabundos. Respecto a la música de los créditos, llevada a cabo por Asins Arbó, recuerda en cierto modo a las partituras de Nino Rota y emparenta con algunas bandas sonoras del neorrealismo italiano. Funciona como un foxtrot verbenero y circense que funciona muy bien en los títulos de crédito y sobre el que hablaremos más detenidamente cuando nos ocupemos de la banda sonora del filme.

5.I. Planteamiento de la obra

Como ya se ha comentado con anterioridad, esta parte, que es la más breve de la película, se compone de tres secuencias y de tan solo siete planos. En ella se localiza el primer plano secuencia del filme. La duración total de esta parte es de cinco minutos y cincuenta y nueve segundos.

5.I.I. Motocarro con estrella de David   `0h. 02′52″`

Un motocarro decorado y coronado con una gran estrella de David llega a la plaza de una ciudad española de provincias. En él viajan Plácido Alonso (Casto Sendra "Cassen") y Gabino Quintanilla (José Luis López Vázquez). El vehículo está también adornado con una bandera de España y provisto de un equipo de megafonía por el que escuchamos a Quintanilla hablar de la campaña de caridad navideña "Cene con un pobre", que se va a llevar a cabo ese mismo día de Nochebuena, 24 de diciembre, y que él organiza a instancia de las damas burguesas de la ciudad. Plácido ha sido contratado con su motocarro por Quintanilla para participar en la cabalgata y llevar la estrella de David. El transportista detiene su vehículo y penetra en los urinarios públicos que hay en la plaza por la puerta de Señoras. Plácido tiene que hablar con su mujer, trabajadora del quiosco evacuatorio. Quintanilla no entiende nada.

La secuencia supone el comienzo de la película, con el motocarro circulando por la ciudad, en una "road movie" un tanto sui generis, en la que el vehículo nos llevará a los diferentes espacios urbanos en que se desarrolla la obra. Se nos presenta a Plácido y Quintanilla, falsos protagonistas de esta cinta coral, pero presentes en casi todas las secuencias y tramas del filme. Desde el punto de vista técnico, se trata del primer plano secuencia del filme, concebido en una panorámica de cuarenta y cinco segundos, que nos describe toda la acción reseñada: itinerario del vehículo, detención del mismo y salida de Plácido para entrar en los retretes. El encuadre final es interesante, con Quintanilla de espaldas y la estrella de David ocupando claramente la parte derecha de cuadro, y con los urinarios públicos y los carteles que están pegados en su pared externa cubriendo la parte izquierda. Entre los posters destaca uno de la campaña "Cene con un pobre" que convive con otros afiches medio rotos de marcas comerciales conocidas, como Martini.

La escena está marcada por el texto que declama Quintanilla por megafonía exhortando a la ciudadanía a participar en la campaña. El organizador repite varias veces la coletilla: "Que por una noche [...] seamos todos hermanos, que por una noche [...] los duros de corazón sean generosos [...] Que por una noche [...] cenen los pobres". Todo esto que dice implica que la Nochebuena ha de ser especial, pero también hace atisbar que el resto de los días del año van a seguir siendo miserables para los pobres. Para finalizar con su discurso, Quintanilla no olvida el patrocinio de Ollas Cocinex, que nos recuerda el hecho de utilizar marcas inventadas para llevar a cabo campañas, como el Jabón Florit de *Esa pareja feliz*, que diez años antes auspiciaba otra campaña en el primer filme de Berlanga.

5.1.2. El quiosco evacuatorio

0h. 03'34"

Plácido entra en los retretes públicos donde trabaja Emilia (Elvira Quintillá), su esposa. Con ella están sus dos hijos, Emilita, una bebé muy pequeña a la que da de comer, y Paquito, un mozalbete de unos diez años. También la acompaña Julián, el hermano cojo de Plácido (Manuel Alexandre), que se asea y afeita en los servicios como si fuese su casa. Emilia dice a su marido que no ha podido pagar la letra del motocarro y que si no lo hacen ese día el banco la pasará al notario. Mientras entran clientes a usar los retretes, Plácido se desespera porque no le llega el dinero para pagar la letra. Pide a su hermano el pico que le falta, pero este no tiene un duro. Ante la tardanza del transportista, Quintanilla entra en los váteres buscándolo. Plácido pide el dinero al organizador mientras este le insta a seguir con la campaña y a ir a la estación de ferrocarril, donde podrá reclamar a las damas de la comisión organizadora lo que le corresponde.

Se trata de una secuencia de dos minutos resuelta en dos largos planos de un minuto aproximado de duración con un travelling lateral bastante largo. Los encuadres son cerrados y claustrofóbicos. Desde el punto de vista argumental, se presenta el problema que tendrá Plácido a lo largo de la película con el pago de la letra del motocarro o, mejor dicho, la imposibilidad de pagarla, que actuará como hilo conductor del filme, y se observa el miserable trabajo que tiene la esposa de Plácido, que compagina además con el cuidado de sus hijos. El hecho de que la mujer aparezca dando de comer a Emilita justifica, de manera directa, su humilde profesión. Algo parecido sucederá en *El verdugo*, donde el protagonista matará para dar de comer a su familia, como aparece reflejado al final del filme. Obviamente no es lo mismo ejecutar reos que trabajar en unos servicios públicos. Sin embargo, estos trabajos "indignos" serán necesarios para alimentar familias. El empleo de Emilia en los retretes es muy humilde, y ha sido presentado en películas anteriores como un trabajo degradante. Recordemos al conserje del hotel de *El último* (*Der Letzte Mann*, 1925), de Friedrich Wilhelm Murnau, que es relegado al trabajo más indigno del hotel en el que labora, empleado de los lavabos. En ese caso, a los retretes se accede por una escalera que baja a un inframundo particular del personaje. En esta ocasión, es una puerta por la que se accede al sitio que supone un lugar de encuentro de la familia de Plácido y que nos muestra que la situación económica de ellos no es nada boyante. Desde un punto de vista simbólico, el planteamiento por parte de Berlanga del problema de la letra en los retretes sitúa al transportista y a su familia literalmente en la "mierda". El tema del pago, incluso, puede actuar como macguffin de la historia, ya que, al final del filme, el hecho de que Plácido pague o no la letra tendrá poca relevancia en el desenlace de la obra, que irá por otros derroteros.

5.1.3. La letra con gastos `0h. 05'31"`

En la sucursal del Banco Hispano Americano que hay en la ciudad, Don Rodolfo Presudo (Mario de Bustos), el director de esta, reparte puros a modo de aguinaldo personal a los empleados. Plácido, Julián y Quintanilla llaman al timbre, y el botones les abre la puerta, aunque la sucursal está cerrada ya al público porque son las 15h50m. El transportista expone al empleado de banca que le falta una pequeña cantidad para pagar la letra que debe y que va a buscar ese "pico" para volver a pagarlo. Dejará como "señal" a Julián, a pesar de que este quiere irse a repartir cestas navideñas. Quintanilla pide a Don Rodolfo que interceda por Plácido esgrimiendo que el transportista tiene que ir con él a la estación para seguir con la campaña. Don Rodolfo acepta a regañadientes y Plácido y Quintanilla se van de la sucursal.

La secuencia del banco dura tres minutos y medio y pone fin al planteamiento del filme. Se compone de cuatro planos, siendo el primero y el último similares en concepción a los de la anterior secuencia, y los dos del medio son insertos que unen el inicio y el final. El cierre de la puerta de los retretes públicos en la escena anterior corta a la apertura de la puerta del despacho del director de la sucursal.

Uno de los grandes temas del filme, la incomunicación, está perfectamente reflejado en la secuencia. Cada personaje va a lo suyo sin importarle lo más mínimo lo que hagan los demás: Plácido quiere pagar la letra; Quintanilla, llevárselo a la estación; Julián, irse a repartir cestas; Don Rodolfo, hacer cumplir la ley; los empleados desean hacer su trabajo sin que se les moleste, y Jiménez, el botones, anhela un puro para su padre. Observamos también cómo era una sucursal bancaria en la España de 1961. Puede servir esta secuencia de precedente a la oficina de *Atraco a las tres* (1962), la exitosa comedia de José María Forqué ambientada en una entidad de crédito, en la que también trabajaron José Luis López Vázquez, Cassen y Manuel Alexandre, y en la que también se ven las condiciones de los empleados de banca en la España de la época. Volviendo a la secuencia que nos ocupa, el director del banco, Don Rodolfo, habla con paternalismo a sus empleados y les da el puro a modo de aguinaldo, como un déspota ilustrado que da migajas a los que están por debajo de él, pero siempre guardando las distancias. El tono despectivo e insultante que utiliza con el botones, a quien llama imbécil, o cuando habla de llevar la letra al notario, así lo atestigua. Quintanilla es atendido por Don Rodolfo por su posición social pequeñoburguesa, ya que es el hijo "del de las serrerías". El padre de Quintanilla habrá hecho negocios con el banco, seguramente. Plácido y Julián, en su condición de parias, no merecen el respeto del "banquero" y no reciben purito navideño ni la mano en el momento de despedirse, ya que están en un nivel inferior. El desprecio por los humildes también se da por parte del empleado de "cartera y giros", que no mira a Plácido cuando le da el recibo, ni acepta el tabaco emboquillado de Julián, a quien tampoco mira, y al que manda sentarse para que no moleste. Los empleados bancarios, por supuesto, están en una escala inferior a la del director de la sucursal o Quintanilla, pero por encima de Plácido y Julián. Don Rodolfo, por su parte, es el primer personaje de la película que habla de la campaña y dice en alto "aquí todos hemos pedido pobre", discurso hipócrita que se desarrollará corregido y aumentado a lo largo del filme. Acepta que Plácido vaya a por el dinero que le falta, pero soltando un discurso paternalista de nuevo en el que dice que los bancos no pueden confiar en todo el mundo y deben pedir informes.

5.2. Desarrollo del filme

El nudo o desarrollo de *Plácido* consta de veintidós secuencias y ciento treinta y cinco planos. Dura una hora, dos minutos y treinta segundos y es la parte más extensa de la obra. Contiene cinco planos secuencia de los ocho que hay en el filme, que corresponden a las escenas de la oficina del jefe de estación, la casa de los Galán en dos ocasiones, la de la notaría y la del exterior de la casa de los Helguera.

5.2.I. Frío en la estación ferroviaria   `0h. 08′ 51″`

En la estación de tren de la ciudad hace un frío tremendo. Se está organizando el recibimiento a los artistas de Madrid que llegan en ferrocarril a amenizar y a dar color a la cabalgata. Las monjitas tienen divididos a los pobres allí presentes en dos grupos: de calle y de asilo. Plácido y Quintanilla llegan a la estación para hablar con las damas del comité organizador de la campaña con el fin de que estas paguen anticipadamente al transportista para que pueda abonar lo que le falta de la letra. En el andén, varias jóvenes vestidas de fiesta, entre las que se encuentra Martita (Mari Carmen Yepes), la novia de Quintanilla, aguardan muertas de frío la llegada de los artistas.

La primera secuencia del desarrollo del filme dura algo menos de minuto y medio y se compone de tres planos largos. El primero de ellos es muy interesante plásticamente. En primer término, Berlanga sitúa a un grupo de pobres que disertan sobre la campaña y la cena que les espera. En profundidad de campo, y con un buen uso de la perspectiva que nos describe a la perfección la desolación y el frío que reina en la estación, las monjitas organizan a otro grupo de pobres. Vejez y pobreza van emparejadas en este caso, porque los indigentes que aparecen en la secuencia son todos ancianos. Lo que también se apunta en la secuencia es el uso de los pobres que lleva a cabo la Iglesia. Las monjas manejan a los desfavorecidos a su antojo y los llevan para hacer bulto en entierros, cobrando por ello. El gag del indigente que esconde entre su ropa un cirio que ha sustraído en un funeral es significativo al respecto. La discusión entre Quintanilla y la monja sobre los pobres que se envían a un sitio u a otro es absolutamente terrible, pues los indigentes son tratados como mercancía. No podía faltar en este esperpéntico retrato de la pequeña ciudad provinciana la Iglesia ni los militares, que desfilan también por la estación. Lo castrense y lo religioso están presentes en la pequeña ciudad franquista, como lo estaban en *Calle Mayor*. El paternalismo con el que se trata a los indigentes en esta secuencia es muy significativo también y nos recuerda mucho a la escena del comedor eclesiástico para pobres de *Ladrón de bicicletas* (*Ladri di biciclette*, 1948), de Vittorio de Sica. (García Gómez, 2019).

Otro rasgo destacable de la secuencia es la sensación de frío, relacionable con la época navideña e invierno, que se desprende de la actitud de los personajes. Los pobres del inicio de la escena se calientan como pueden, con un pequeño fuego, en las vías. El viento frío, por medio de imagen y sonido, traspasa la pantalla. Todos van abrigados en la medida de sus posibilidades. El personaje que irá en el motocarro haciendo de rico, en lo que Berlanga y Azcona llaman en guion el "cuadro plástico", lleva puesto un pasamontañas que le dieron en la guerra. La pancarta que portan para recibir a los artistas de Madrid dice: "Bienvenidos peregrinos de la caridad". Martita y sus acompañantes, vestidas con trajes de fiesta, se encuentran congeladas en el andén. Las alusiones al frío del personaje de Quintanilla, que tiene sinusitis, son continuas.

5.2.2. Esperando al Expreso 412   `0h. 10' 12"`

Al jefe de estación (Jesús Puche), le comunican por teléfono que el expreso 412, procedente de Madrid y cargado de artistas, está a punto de llegar. El empleado ferroviario está acompañado en su despacho de varias personas vinculadas a la campaña, entre los que se encuentran Damián Olmedo (Roberto Llamas), el locutor de la radio local, y las damas de la asociación que organiza el evento encabezadas por la señora Encarna de Galán (Amelia de la Torre). Quintanilla y Plácido entran a la oficina. En una mesa, Rivas (Xan das Bolas), el administrador de la campaña, revisa unas facturas. El organizador pide a la señora Galán que paguen anticipadamente al transportista, pero esta les insta a que se dirijan a Zapater, que es quien se encarga de los pagos y no se encuentra allí en ese momento. Plácido pide su dinero a Rivas, pero este le dice que necesita órdenes de su jefe para hacerlo. En la mesa hay una olla de la empresa patrocinadora del evento, Cocinex, y un plato de pavo, que será utilizado en el cuadro plástico y la cabalgata, tapado por una campana.

Se trata del segundo plano secuencia propiamente dicho de la película, con una duración de algo más de un minuto. Tendrá gran importancia en el devenir del filme porque aquí se mostrarán a la perfección los mimbres con los que se construirán el resto de secuencias de la obra, en que se repetirán las situaciones aquí atisbadas. Observamos en este caso muchos personajes agolpados en un pequeño habitáculo, y nos damos cuenta de que la incomunicación entre ellos es enorme. Cada uno tiene un objetivo y nadie escucha a nadie. El jefe de estación y Olmedo se preocupan por la llegada del tren, las damas de la organización velan por el bien de la campaña, Rivas revisa facturas y documentos, y Plácido pide el dinero que se le debe por anticipado. Quintanilla es el nexo de unión en este desbarajuste de incomunicación y atiende a quien le interesa, según el momento. Con la entrada de Plácido en el despacho, son seis las personas que aparecen en escena. Los personajes, en tres términos, llevan a cabo acciones a la vez. En primera instancia, Berlanga coloca a Rivas y sus documentos y a Quintanilla y Galán hablando de la campaña; en segundo plano, a Plácido, que confunde al dueño de la radio local con Zapater; en último término, Olmedo habla con alguien fuera de campo. A continuación, Rivas continúa a lo suyo, los de la radio siguen hablando en segundo término y Quintanilla muestra el pavo a Encarna Galán y pide ayuda a Plácido con el champán, pero este sigue preocupado con el dinero que le deben. La confusión es enorme.

5.2.3. La llegada de los artistas de Madrid   0h. 11' 18"

Plácido y Quintanilla salen de la oficina del jefe de estación. El transportista sigue pidiendo su dinero, pero al organizador le interesa más que el cuadro plástico creado para la cabalgata, en que dos personas que encarnan a un pobre y a un rico cenan pavo y champán en la parte trasera del motocarro, quede lucido. Rivas quiere que se vea bien la olla Cocinex. El director de la radio desea que la retransmisión de la cabalgata sea como la del partido del domingo anterior. La monja responsable de los ancianos pobres (María Francés) se sigue quejando del frío a Quintanilla. Rivas acompaña a Plácido y a Paquito, el hijo de este, a hablar con Zapater (José María Caffarel), el dueño de Cocinex, para que este pague al transportista. Ante la inminente llegada del tren, Rivas, a instancias de su jefe, paga a Plácido, que envía a su hijo con el dinero al banco, donde aguarda Julián para finalizar el trámite del pago de la letra del motocarro.

Llega el tren. Quintanilla y las damas de la comisión ultiman detalles. Hay mucho bullicio. Una pancarta dice: "Ollas Cocinex saluda al séptimo arte". La banda de música comienza a interpretar un animado tema. Martita y las jóvenes vestidas de fiesta saludan a los artistas que hacen lo propio desde el tren. Nadie conoce a las "estrellas" que han venido de Madrid. Zapater y Rivas confunden a una actriz con Carmen Sevilla. Martita y su amiga Fuensanta flirtean con el joven y desconocido "galán" Roberto Bonifaz (Juan Manuel Simón). Bañares (Fernando Delgado), periodista madrileño que hace las veces de representante de los artistas, es interpelado por Zapater, que no reconoce ninguna estrella del cine español entre los que han venido y que quería fotografiar su producto con Carmen Sevilla. Bañares ha traído lo que ha podido: una bella e insulsa actriz desconocida llamada Maruja Collado (Carmen Valencia), un primer actor venido a menos muy pesado y en la decadencia de su carrera (Francisco

Aguilera) y un niño cantor llamado Paquito Yepes. Quintanilla invita a los artistas a descansar en su hotel. La Guardia Civil escolta a un preso a cuya familia, que va detrás, Encarna de Galán entrega un obsequio navideño para que el reo pueda pasar mejor esas fechas.

Se trata de una secuencia concebida de una manera distinta a las del resto del filme y compuesta de veintiún planos, que supera los cuatro minutos y que difiere de la fórmula del plano secuencia utilizada en esta película. El montaje va más picado que de costumbre y el ritmo es menos pausado que en las escenas anteriores. Muchos de los planos utilizados son insertos y, en la parte final de la secuencia, hasta que los artistas bajan del tren, hay alternancia plano/contraplano entre los personajes que aguardan en el andén y los que saludan desde el tren.

En esta secuencia hay muchas cuestiones susceptibles de análisis. En primer lugar, la llegada del tren tiene una carga simbólica que ya se ha visto en otras películas. La pequeña ciudad de provincias es un microcosmos aislado del mundo exterior, y el tren es ese nexo entre la "civilización" representada por la capital y el remoto lugar lejano a la misma. En *Calle Mayor* sucedía algo similar, ya que el ferrocarril era, en este caso, la opción de la protagonista para huir de la mediocridad y la hipocresía de la pequeña urbe provinciana. En *Plácido*, se espera a rutilantes estrellas del cine español y solo vienen medianías. La visión que, sobre los artistas y sobre el mundo de la farándula, tienen los que esperan en el andén son significativas. Para Encarna de Galán, las actrices son unas "pelanduscas", Zapater anhelaba a Carmen Sevilla, Olmedo no conoce a nadie. Berlanga se ríe de un mundo que conoce bien, el de los actores, con la crítica al actor veterano decadente y el apunte hacia el cine con niños, con ese odioso trasunto de Joselito llamado Paquito Yepes. El niño cantor, por su atuendo cordobés, parece sacado del repelente niño empollón llamado Pepito de *Bienvenido Mister Marshall*, y la secuencia completa recuerda bastante a dos del filme que Berlanga presentó en Cannes en 1953. La primera es la de la llegada de la apisonadora arreglando las carreteras ante la venida de los americanos; el vehículo no acaba de detenerse y los habitantes de Villar del Río siguen a la apisonadora hasta que esta se detiene. La segunda, el ensayo del recibimiento a los americanos, en que todo el mundo se reúne para acoger a los visitantes, algo que sucede en el filme que nos atañe con los que han ido a la estación a recibir a los artistas de la capital.

La representación de los personajes femeninos puede relacionarse con la misoginia sui generis que se ha atribuido tradicionalmente a Berlanga, y que él ha reconocido, que comienza a atisbarse en *El verdugo*, y se desarrolla en filmes posteriores como *La boutique*, *Vivan los novios* y *Tamaño natural*. El valenciano no detestaba a las féminas, sino que las consideraba seres superiores que manipulan, utilizando su inteligencia o su belleza, a los hombres, que tampoco salen bien parados en sus películas. En la secuencia que nos ocupa, Encarna de Galán y las damas organizadoras recuerdan a las mujeres que velaban por la decencia en *La diligencia* (*Stagecoach*, 1939), de John Ford y que echaban de su pueblo a la prostituta Dallas. Las artistas son representadas como objetos sexuales, guapas y atractivas, pero sin ningún talento. Bañares trata a su novia, una de estas chicas, con desdén y casi desprecio, y en el final de la secuencia utiliza el paternalismo para llamar nenas a las actrices y decir una frase significativa: "haced caso al señor del sombrero. Son tan niñas". Martita y Fuensanta son presentadas como chicas normalitas de pueblo que quieren ser como las actrices y que se mueren por los favores del patético galán Roberto Bonifaz. La monja trata a los pobres con un paternalismo condescendiente similar al que utiliza la señora de Galán. Ese paternalismo se acentúa en la escena en que da el regalo a la familia del preso escoltado por la Guardia Civil. La inquietante presencia de la Benemérita en el plano final, con su iconografía relacionada con el tricornio y el bigote, precede a secuencias de *El verdugo*, como la de la llegada del ferry a Palma en que la Guardia Civil se encuentra en el puerto aguardando al ejecutor de la ley. Parece mentira que en un ambiente festivo como el de esta última obra o el de *Plácido* pueda haber un cuerpo policial militarizado presente, pero era una forma de hacer patente la falta de libertad existente en la España franquista del momento.

5.2.4. Cabalgata patrocinada por Ollas Cocinex

0h. 15' 12"

Llegados los artistas de Madrid, la cabalgata de la campaña "Cene con un pobre", patrocinada por Ollas Cocinex, comienza a recorrer las calles de la ciudad partiendo de la estación ferroviaria. Algunos de los artistas se niegan a montar en las carrozas, los coches y en el motocarro de Plácido porque les parece poco para ellos. Bañares pide dietas para sus representados a Quintanilla, pero este le pasa la cuestión a Zapater. Martita y sus amigas piden una foto al organizador, ya que este lleva siempre colgada su máquina fotográfica. Francisco Aguilera tampoco quiere participar en la cabalgata en esas condiciones, aunque finalmente acepta a regañadientes subir en el motocarro de Plácido. En la parte trasera del vehículo, dos personas componen el citado cuadro plástico. La cabalgata echa a andar y comienza a recorrer las calles de la ciudad, tras cruzar el puente que une la estación con el centro de la villa provinciana. La secuencia se compone de cuatro planos y dura algo menos de dos minutos. La música de la banda municipal, de cariz militar, proviene del final de la secuencia anterior y nos sirve de nexo para unir lo que sucede en el andén y en el exterior de la estación.

Hay muchos aspectos analizables en esta secuencia. En primer lugar, el gusto de Berlanga por los desfiles y cabalgatas con vehículos, que nos retrotraen a *Bienvenido Mister Marshall*, concretamente a la parte del ensayo del recibimiento a los americanos y a la llegada de estos, y preceden a la secuencia de *El verdugo* del desfile en vehículos del concurso de misses, en la escena en que los protagonistas llegan al puerto de Palma de Mallorca. El bullicio y desorden, así como el jolgorio de la cantidad de gente que se agolpa en el inicio de la cabalgata, tienen un aire muy mediterráneo, que es algo muy propio del sentimiento fallero del valenciano Berlanga, como se puede apreciar en muchas de sus películas. La crítica a la falsa caridad también toma protagonismo aquí, ya que los artistas de cine no han venido desinteresadamente a la campaña, sino que quieren cobrar sus dietas de manera mezquina, mientras el empresario patrocinador Zapater solo quiere dar visibilidad a sus ollas. El mundo de la farándula, que tan bien conoce Berlanga, sale de nuevo muy mal parado. Los desconocidos artistas, encabezados por el insoportable y decadente Aguilera, son unos maleducados y engreídos. Él y las bellas pero desconocidas "starlettes" y el ignoto galán Bonifaz actúan de manera infantil, como si fuesen artistas de primera fila.

La incomunicación, seña de identidad de la película, campa a sus anchas en la secuencia. Las chicas normalitas de la ciudad también actúan como si fueran parte del mundo del artisteo, ya que tienen un estatus en la urbe que les hace bajar de escalón por la llegada de las artistas capitalinas, que, además, las miran por encima del hombro. Por último, el cuadro plástico nos remite a la España hambrienta de posguerra, ya que los dos figurantes son pobres que pasan hambre real, y uno, además, es un indigente disfrazado de rico. Esta escena también nos recuerda a *Milagro en Milán*, cuando Totó y la paloma milagrosa visten a los indigentes del extrarradio milanés. La frase que dice Quintanilla, "a disimular, a fingir, si se ha acabado el pavo ofrézcale los huesos", es antológica. Todo es una mascarada, un engaño, como sucedía en *Bienvenido Mister Marshall*, con los habitantes de un pueblo castellano ataviados de cordobeses, o como pasaba en *Los jueves milagro*, donde se organizaba una falsa aparición milagrosa de un San Dimas que se parecía a José Isbert, o en *Se vende un tranvía*, donde una banda de pícaros se hacía pasar por empresarios para estafar a catetos rurales vendiéndoles tranvías hechos con material austrohúngaro. En

Plácido sucede algo parecido. Todo es falso. La cena es un paripé, como el cuadro plástico. La picaresca y el esperpento, dos tradiciones en la cultura española, comienzan a asomarse en la película para campar a sus anchas a partir de ahora.

5.2.5. Encuentro con la muerte   `0h. 17' 10"`

La cabalgata discurre por un camino de tierra del extrarradio de la ciudad y se cruza con un cortejo fúnebre presidido por una carroza mortuoria tirada por caballos. Los motoristas que encabezan el desfile dejan pasar a la carroza, pero la comitiva funeraria, que va detrás, espera el paso de las motos. La banda de música sigue interpretando un animado tema y se cruza con los acompañantes del entierro. Del motocarro de Plácido, que encabeza la cabalgata, baja Quintanilla y pide a la banda de música que dejen de tocar en señal de respeto hacia los integrantes del cortejo fúnebre. El director de la banda comenta al organizador que han presentado sus respetos a la comitiva mortuoria haciendo el saludo militar. Ante esta explicación, la banda sigue su recorrido y continúa interpretando el alegre tema. Plácido abandona su vehículo y deja tirado a Aguilera, que sigue quejándose a Quintanilla por el trato que está recibiendo una figura de su categoría que, además, está condecorado. El transportista se acerca al cortejo funerario y habla con la persona a la que ha comprado el motocarro, el señor Gabaldón, sorprendido por encontrarse a Plácido comentándole algo tan mundano en ese "trance". El transportista comenta al vendedor que ya ha satisfecho el primer plazo del vehículo, y este le recuerda el vencimiento de la siguiente letra. Desde lo alto de la cuesta, Quintanilla llama a Plácido para seguir con la cabalgata y no quedarse atrás de nuevo.

La secuencia se compone de tres planos y es la parte central de las tres escenas que nos muestran el recorrido de la cabalgata por las calles de la ciudad. A modo de análisis es muy interesante, ya que nos muestra la primera alusión explícita a la muerte en el cine de Berlanga. El cruce entre el jolgorio de la cabalgata, con su alegría, artistas invitados y música, y el recogimiento y la tristeza del entierro nos enseñan, de una manera esperpéntica muy del gusto de Azcona, la dicotomía entre la vida y la muerte, que coexisten un segundo cuando se cruzan ambas comitivas. El tema del deceso, como tal, será desarrollado de manera monográfica en *El verdugo*, aunque en *La muerte y el leñador* también será aludido, y en esta obra aparecerá una carroza mortuoria similar a la de *Plácido*. En *Vivan los novios* se desarrollará esta idea que combina fiesta alegre (cabalgata) con tristeza y pena (entierro), con la secuencia final en que coexisten la boda de los protagonistas con el entierro de la madre castradora y el esperpéntico cortejo fúnebre que Berlanga muestra desde el aire.

El humor negro también forma parte de esta secuencia. El escenario en que se cruzan las dos comitivas es desolador: un camino de tierra en el extrarradio de la ciudad que nos enseña una España inmovilista, donde los músicos presentan sus respetos al finado realizando el saludo militar, y donde los pobres de la calle acompañan al muerto provistos de cirios, ocupando la parte trasera de la comitiva. La música que interpreta la banda continúa teniendo un carácter castrense, lo que evidencia la vinculación al ejército del compositor Miguel Asins Arbó, de la que se hablará con posterioridad. Curiosamente, la banda sonora en las películas de Berlanga no suele tener una gran relevancia, excepto en *Bienvenido Mister Marshall*, concebida como una falsa película folklórica. Sin embargo, en la obra que nos ocupa y en *El verdugo*, algunas piezas. realizadas o elegidas por Asins Arbó, son parte ya de nuestra historia y de la del cine de Berlanga. Aparte de la música militar, otra alusión a lo castrense es la condecoración que dice tener Aguilera a Quintanilla, en la parte de la escena en que protesta por el ultraje a que está siendo sometido "un grande" del cine como él. Por último, llama la atención la jerarquía del cortejo fúnebre, donde en los puestos de delante van los familiares y allegados principales, entre los que se encuentra el pequeñoburgués Gabaldón, y en la parte trasera van los pobres, que se cruzan con camiones de indigentes utilizados para llevar a cabo ceremonias que basculan entre la vida y la muerte.

5.2.6. Bienvenidos, peregrinos de la caridad `0h. 19' 17"`

La cabalgata llega al centro de la ciudad y discurre por las calles principales de la misma al son de la banda de música. Desde el motocarro, Quintanilla repite por megafonía las consignas que escuchábamos al inicio del filme. En una calle perpendicular, Julián recibe las cestas de navidad que deberá entregar esa tarde, pero hace caso omiso al jefe (Juan Torres), un tendero de ultramarinos, y abandona su puesto al ver el paso de la cabalgata, e irrumpe en la calle principal para comentar al transportista que no ha podido pagar la letra ya que, cuando ha llegado Paquito con el dinero, el banco había pasado ya el documento al notario. Plácido, contrariado, detiene el motocarro ante las protestas de Quintanilla, que ve que de nuevo se retrasan en el recorrido. El jefe de Julián llega a la posición del vehículo para pedirle que vuelva al trabajo. Plácido abandona el motocarro con la intención de ir al notario para resolver su problema, pero Quintanilla le convence para que regrese al vehículo, tras amenazar con denunciarle y argumentar que el notario estará en la subasta de artistas a la que se dirige la comitiva. La cabalgata llega a la plaza donde se encuentra el quiosco evacuatorio en el que trabaja Emilia. La mujer, acompañada de sus hijos y de su padre (José Álvarez "Lepe"), recién llegado del pueblo y provisto de una cesta de viandas y un garrafón de aceite, observa el paso de las carrozas. Al ver el motocarro, la esposa de Plácido se acerca con los niños y el abuelo a hablar con él, que muestra su enfado con la familia. Emilia dice a su marido que le esperará en los urinarios hasta que este acabe su trabajo, para celebrar la Navidad como es debido.

Es una escena compuesta de ocho planos que cierra el complejo secuencial de la cabalgata desde que la comitiva salió de la estación ferroviaria hasta llegar al casino y que dura unos tres minutos. El plano inicial es un general, con un buen uso de la profundidad de campo, que nos enseña la cabalgata en toda su dimensión. De nuevo, la utilización de la música castrense por parte de Berlanga y Asins Arbó funciona como elemento vertebrador de la escena y marca el ritmo de esta. El tema del inmovilismo de la pequeña ciudad provinciana se atisba a través de algunos integrantes del desfile, como los maceros o el portador del estandarte de la ciudad, elementos reconocibles en cualquier urbe provinciana española de la época. La cojera de Julián al llegar a la posición del motocarro nos recuerda a *Bienvenido Mister Marshall* y al ensayo del recibimiento a los americanos en que los habitantes de Villar del Río acompañan a las fuerzas vivas y un cojo cierra la comitiva. De nuevo, el hecho de que Julián hable con Plácido sin que este detenga el vehículo nos recuerda a la secuencia de la falsa llegada de los estadounidenses de la película de 1952. Al detener el transportista el vehículo, llega el jefe de Julián a la posición del mismo y se desarrollan varias acciones a la vez que nos vuelven a patentizar la falta de comunicación de los personajes: Plácido quiere ir al notario a resolver su problema, Quintanilla desea que el transportista siga adelante, el jefe de Julián anhela que este vuelva al trabajo y el cojo está más interesado en los cuarenta duros que le debe Plácido y en la cabalgata que en repartir cestas. Además, entran en cuadro de nuevo los personajes ataviados de pobre y rico que siguen representando el cuadro plástico en la parte trasera del motocarro. Los lemas de las pancartas son también muy interesantes, y llama la atención el de "Cocinex practica la caridad". Cuando el motocarro pasa cerca de Emilia, el abuelo y los hijos, Berlanga vuelve a mostrarnos a los personajes hablando con Plácido sin que este detenga el vehículo, estructura ya comentada en varias ocasiones con anterioridad. Cuando están a punto de entrar en los retretes, se ve de nuevo el lema de la pancarta que iba en una de las carrozas y que ha titulado este epígrafe: "Bienvenidos, hijos de la caridad".

5.2.7. Subastando a los artistas del cine   `0h. 22'11"`

En el casino de la ciudad se subasta a los artistas de cine que van a acompañar, junto a los pobres, a las familias pudientes en la cena navideña. Desde el coro trasero de la estancia, un niño que bebe un refresco pide al foquista que ilumine a Aguilera, pero el técnico se niega argumentando que no tiene corriente alterna para hacerlo. Un entusiasta Olmedo presenta el evento. Se van adjudicando las estrellas del cine a los presentes. Los señores de Suay acceden al escenario para recoger a su actriz, y la señora tropieza. El notario, el señor Gil (José Orjas), levanta acta de las adjudicaciones. Martita, la reina de la fiesta, que es quien debe entregar las ollas Cocinex, no se encuentra en el escenario, ante la sorpresa del personal. Maruja Collado comenta que ha visto a la joven largarse entre bambalinas con el galán Roberto Bonifaz. Aguilera sigue dando la tabarra a la organización y quiere irse de allí en un taxi, que pide a Zapater ante la presencia de Bañares, que insiste con el tema de las dietas. Olmedo subasta a la bailaora flamenca Paquita del Toro, que muestra su arte al respetable, mientras el niño cantor Paquito Yepes toca la guitarra española. Las actrices hablan sobre el dinero que van a llevarse por estar allí.

Es una secuencia compuesta de siete planos y una duración de algo más de minuto y medio. El plano inicial es muy interesante. En travelling con grúa, la cámara sigue al niño que hablará con el foquista. Cuando esto sucede, vemos desde detrás de ellos un plano general desde la trasera del coro del casino que describe el espacio a la perfección. El escenario es algo grotesco, con una gran olla Cocinex acompañada por otras más pequeñas y guirnaldas, en la que está sentado Paquito Yepes, y una tribuna con las damas organizadoras junto a una pancarta que reza "Un pobre en vuestra mesa". Hay mucha figuración entre asistentes, pobres, monjas, artistas y organizadores. La secuencia es muy berlanguiana. El hecho de que los señores Suay recojan a la primera actriz subastada es un guiño a Ricardo Muñoz Suay, uno de los nombres fundamentales junto a Berlanga y Bardem del cine de los cincuenta y gran colaborador del valenciano en varias películas y proyectos. La pieza que la banda de música interpreta en ese momento es muy fallera y valenciana.

Las jovencitas de la ciudad llevan letreros con lemas que tampoco tienen desperdicio, como "Los pobres son nuestros hermanos". La mujer, en el cine de Berlanga, aparece no muy bien tratada. Siempre se ha tildado de misógino al valenciano, sobre todo a partir de *El verdugo*. En esta secuencia, las actrices, a las que nadie conoce, comentan de manera despectiva que Martita es una chica bajita y más bien fea; poco más tarde, aparecen hablando como egoístas y ambiciosas que solo desean el dinero de la subasta. La falta de sororidad es un hecho en este filme. Por su parte, y como ya se comentaba anteriormente, el mundo farandulero sigue siendo criticado por alguien que lo conoce a la perfección. La subasta de la bailaora Paquita del Toro es un homenaje a *Bienvenido Mister Marshall*. La artista flamenca habla con monosílabos, al igual que sucediera con Carmen Vargas (Lolita Sevilla) en la película de 1952. La crítica al cine folklórico vuelve aquí con este personaje secundario y el del niño cantor, que también remite a las películas de niños artistas y concretamente a Joselito, que era una auténtica estrella en la España de entonces.

5.2.8. Este país está sin civilizar   `0h. 23' 53"`

Quintanilla y Plácido buscan a Martita por las dependencias del casino. El transportista aprovecha el momento para que "el hijo del de las serrerías" interceda con él en el asunto de la letra ante el notario, que se encuentra presente en el evento levantando acta de la subasta. Se escucha de fondo la música de la actuación de la cantante flamenca. Quintanilla abre una puerta y encuentra a su novia, en compañía de su amiga Fuensanta, cosiendo los pantalones del actor Roberto Bonifaz, que, en calzoncillos, está alardeando ante las chicas de su trabajo artístico, mientras ellas lo miran embobadas, a pesar de que el "galán" muestra evidentes problemas de dicción. Quintanilla irrumpe en la estancia y reprocha a su novia el abandono de la subasta por estar con el intérprete. El organizador, Plácido y Martita abandonan la habitación, y Bonifaz se queda en la misma flirteando con Fuensanta, quien, a diferencia de Martita, no tiene prometido.

Se trata de una corta secuencia de transición entre los dos grandes bloques dedicados a la subasta. Sirve como transición para que el evento no se haga excesivamente largo. En esta ocasión, Berlanga nos describe un casino de una ciudad española de provincias de inicio de los años sesenta, uno de los lugares fundamentales para el ocio de la pequeña burguesía, familias pudientes e integrantes de profesiones liberales. Siempre tiene un gran salón para eventos y diversas dependencias adjuntas como las que se muestran en esta secuencia. En *Calle Mayor*, el casino cobra gran importancia en la parte final de la cinta, ya que va a acoger el baile donde se va a llevar a cabo un desenlace que nunca llega. En el filme que nos ocupa, alberga la gran subasta navideña de los artistas y los pobres. Quintanilla y Plácido siguen cada uno a lo suyo: el organizador busca a su novia, y el transportista quiere que su acompañante interceda con el notario para resolver su problema.

En la parte final de la secuencia, el galán Roberto Bonifaz está representado como un simple; la dificultad de su habla y el pavoneo que lleva con las chicas deja en mal lugar, de nuevo, al mundo del cine. Además, el personaje, sorprendido en paños menores por Quintanilla y Plácido, suelta frases antológicas: "en aquella película me consagré como un galán romántico", "siempre voy buscando el ideal" o "nadie sabe lo que sufre el artista en esta búsqueda". El tipo, sentado en calzoncillos con las chicas vestidas de reinas de las fiestas cosiéndole los pantalones, no tiene desperdicio. Martita y Fuensanta son representadas como dos jovencitas burguesas corrientes y caprichosas embelesadas por el mundo del cine que tan lejos tienen. Quintanilla llama "liviana" a su novia en un ataque de celos perfectamente ejecutado por López Vázquez. La frase final de Bonifaz no tiene desperdicio: "Este país está sin civilizar, en el extranjero todo es distinto". A pesar de que la frase está pronunciada por un botarate, se puede observar una crítica soterrada al franquismo y al inmovilismo de la sociedad española y de las pequeñas ciudades de provincia.

5.2.9. Maruja Collado y Paquito Yepes, el niño cantor

0h. 25' 58"

La subasta de artistas continúa y llega el turno de que los organizadores ofrezcan al personal a la "rutilante", a la vez que desconocida actriz, Maruja Collado. Junto a ella, se subasta al niño cantor Paquito Yepes, acompañado de su madre. Martita comparece de nuevo en la subasta, y Plácido vuelve a pedir a un acatarrado Quintanilla que interceda con el notario para que resuelva su problema con la letra del motocarro. Los asistentes al evento comienzan a decir cantidades por el lote encabezado por la actriz. Uno de ellos ofrece 4.000 pesetas, pensando que alguien subirá el envite, pero la cantidad no es superada, y esta persona se queda con el lote completo. La esposa del ofertante reprocha la acción al marido, que se ha metido en un buen lío para quedar bien con su jefe. Olmedo, presentador del acto, insta a las familias a recoger a sus pobres para llevarlos a sus casas a cenar, y da por finalizada la subasta ante las protestas de Aguilera que no ha sido ofrecido. Quintanilla y Plácido abordan al notario, y aunque este se remite a la legalidad para evitar ayudar al transportista en primera instancia, finalmente acepta que Plácido se pase por la notaría para solucionar el problema. Aguilera, que no sabe dónde va a cenar, pide explicaciones a Zapater, que le da diez duros para que cene donde quiera. Las familias van recogiendo a los indigentes que les corresponden. Martita intenta que su novio le perdone el desliz con el actor. La señora de Galán y el notario disertan sobre la diferencia entre los indigentes ancianos de asilo y de calle. A los Galán les ha tocado un pobre llamado Ricardo Guerras (Félix Fernández) y una actriz llamada Erika (Laura Granados). Fuensanta cuenta a Martita que el galán Roberto Bonifaz cenará en su casa.

Esta secuencia, que dura poco más de seis minutos, se compone de treinta y siete planos, siendo la escena más picada en montaje de la película y la más diferente al resto del filme, pues contradice en cierto modo el empleo de la técnica del plano secuencia en el resto de la obra. La secuencia es una continuidad narrativa de las dos anteriores. Se podría decir que las tres secuencias del casino funcionan como una unidad por ubicación. La crítica al mundo de la farándula continúa con las preguntas que Olmedo formula a la actriz Maruja Collado, "famosa" por intervenir en un ignoto peplum titulado *Roma en llamas*. Las respuestas de la joven son de una gran simpleza. Del mismo modo, al final de la secuencia, la otra actriz subastada, Erika, tampoco da grandes muestras de inteligencia. Y en el resto de la escena, Martita, la reina de la fiesta de andar por casa, sigue dando un recital de niñata burguesita caprichosa, mientras que el autoritarismo lo enarbolan la señora de Galán, que es quien maneja toda la campaña, y la esposa castradora del empleado que ofrece 4.000 pesetas por Erika para lucirse delante de su jefe. La conversación entre el notario y la señora de Galán respecto a los artistas vuelve a poner en tela de juicio el supuesto glamour del mundo del cine. El niño cantor, parodia de Joselito, es empujado y ninguneado por los presentes, encabezados por Olmedo. Aguilera, el primer actor decadente, no es subastado y le ofrecen ponerse con los ancianos pobres para ver si alguna familia se lo lleva o darle diez duros para cenar, lo que el intérprete venido a menos considera un ultraje. En la parte final de la secuencia regresa la música de la banda y se nos muestran momentos jocosos, como el de la pareja que se lleva un indigente pensando que iban a cenar con Carmen Sevilla, y el del ingenuo pobre al que preguntan si sabe cantar y que piensa que se puede quedar sin cena si no lo hace. Respecto a la disertación sobre la pobreza y las escalas de desamparo en los indigentes de Encarna de Galán y el señor Gil, en una película anterior de Berlanga, *Novio a la vista*, ya había una conversación sobre los diferentes tipos de pobreza a cargo de damas burguesas que veraneaban en el Mediterráneo de finales de los años diez.

5.2.10. Aperitivo en casa de los Galán 0h. 32′06″

Desde el domicilio de los Galán se va a llevar a cabo una retransmisión radiofónica en la que Olmedo va a entrevistar a los participantes de la cena navideña: anfitriones, artista invitada y pobre. Mientras preparan los medios para realizar la emisión, Plácido pide permiso a Quintanilla para irse a la notaría a resolver su problema, pero el organizador le pide que se quede ayudando con el magnetofón y los cables. La casa de los Galán es muy elegante y la mesa navideña está puesta al detalle por las sirvientas de la familia burguesa. Llegan periodistas locales para cubrir el evento. El matrimonio Galán, acompañado de Martita, la explosiva actriz Erika y el indigente Ricardo Guerras, también arriban a la "sencillita" casa, en opinión de doña Encarna. El aperitivo está listo, y Olmedo comienza a entrevistar a la señora de Galán como presidenta del comité organizador de la campaña. Plácido insiste a Quintanilla en marcharse, mientras doña Encarna reparte a los presentes caviar, que Plácido no puede catar por tener las manos ocupadas con los cables. Los fotógrafos retratan al grupo mientras se ofrece un langostino al indigente que se encuentra sobrepasado por la situación y que no sabe que contestar a las rimbombantes preguntas de Olmedo. La actriz, que intenta ayudar al anciano, es entrevistada también ante la decepción de Martita, ignorada por el locutor. Plácido consigue finalmente largarse a casa del notario pese a la oposición de Quintanilla.

Si la anterior secuencia constaba de treinta y siete planos, la que nos ocupa es un plano secuencia en estado puro de casi tres minutos, el tercero propiamente dicho de la película, en que se cuenta toda la acción sin corte alguno. La escena nos muestra el domicilio de los Galán, una de las principales casas burguesas conservadoras de la pequeña ciudad de provincias, morada de la presidenta del comité organizador de la campaña. La decoración es ostentosa, con cuadros en la pared, jarrones caros y una mesa muy lujosa en la que no falta detalle. Las criadas van ataviadas de punta en blanco. La hipocresía del pudiente es grande, sobre todo al tratar al pobre que les ha tocado, como si fuera una atracción de feria. En el aperitivo se sirven caviar y langostinos, "sapos" según el indigente, y se muestra la diferencia entre ambos mundos, el de la clase acomodada y el de los pobres, que van a coincidir tan solo unas horas en la cena navideña de la caritativa campaña, para luego, quedarse unos en sus confortables casas, y los otros, pasar frío en el asilo o en la calle. Todo es un paripé preparado para la retransmisión radiofónica y las fotos de los periodistas. Todo es mentira. El pobre, tratado de forma condescendiente, no sabe qué responder al locuaz entrevistador, que manipula sus palabras. La falsa caridad, que campea a sus anchas en la película, aquí lo hace de manera patente.

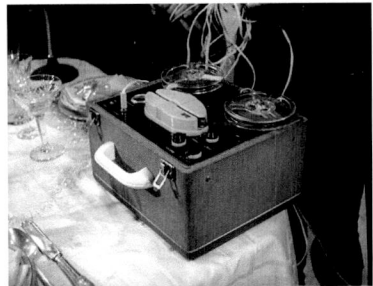

Este plano secuencia y muchos otros que se llevan a cabo en esta película, ambientados en interiores, están realizados con grúa Dolly. La manejabilidad de la cámara y la articulación de movimientos de grúa y travelling de avance y retroceso permiten a Berlanga seguir a los personajes por la casa de los Galán en este caso. En esta secuencia, que puede servir de ejemplo a otras, se parte de un plano detalle de un magnetofón, para ir abriendo cuadro y, poco a poco, describir el lujo de la vivienda de la familia conservadora. En planos secuencia como este, cuando la cámara queda fija, Berlanga opta por encuadres muy equilibrados. En este caso, Martita, la actriz, el pobre y el señor de Galán quedan en el centro, y dos grupos de dos personajes a los lados: Olmedo y uno de los periodistas a la derecha y Plácido y Quintanilla a la izquierda. Hay reencuadres y nuevos movimientos en virtud de los personajes a los que interese presentar.

5.2.II. Una copita en la notaría · 0h. 35'01"

En la notaría del señor Gil, el pasante (Erasmo Pascual) y su ayudante (J. C. Tejeiro) se afanan en acabar el trabajo del día con el objetivo de irse a cenar a sus casas. Es tarde y el ayudante está enfadado porque es Nochebuena y quería haber acabado el trabajo antes. Además, arremete contra la campaña llamándola imbecilidad, ya que, en su domicilio, junto a los suyos, le espera un pobre que ha tenido que acoger obligado por el jefe según él. Suena el timbre y aparece Plácido para pagar la letra. El transportista es recibido de malas maneras por los pasantes que, aparte de la cuota del efecto, le piden los gastos devengados en el proceso. Plácido no tiene esa cantidad que asciende a 143 pesetas más. El hombre pide a los pasantes que le esperen, ya que pretende volver enseguida con el dinero. Cuando se marcha, entra en la notaría el señor Gil acompañado del pobre que le ha correspondido (Vicente Llosá). El notario invita a sus empleados a tomar una copita navideña en el comedor de su vivienda, contiguo a la notaría. El ayudante sigue protestando porque quiere irse a su casa y el pasante le anima a retirarse del trabajo porque se está haciendo muy mala sangre y tiene la vida resuelta.

Es el cuarto plano secuencia propiamente dicho de la película, con una duración de algo más de tres minutos y medio, y segundo de enjundia, tras el anterior. En este caso, toda la acción se desarrolla en la oficina de la notaría y con menos personajes que la escena precedente. Hay un par de momentos en la secuencia en que la cámara se queda fija algo más de un minuto. En la parte final, el notario abre las puertas de su hogar a los empleados, pero la cámara se queda en la zona laboral, sin traspasar el umbral. El espacio de la notaría, como el de la sucursal bancaria, no es tan complejo como el de la casa de los Galán.

En esta ocasión, hay varios temas interesantes susceptibles de análisis. En primer lugar, se muestra el trabajo administrativo y tedioso de los pasantes del notario. La burocracia del aparato franquista es criticada en varias ocasiones en el cine de Berlanga. En *El verdugo*, la secuencia en que el protagonista va a pedir una plaza de ejecutor es significativa. Los trámites son muchos y la lentitud del aparato administrativo es grande. Aunque sea en el ámbito privado, el planteamiento de todos los trámites relativos a la letra es tedioso y cansino hasta la extenuación. Siempre falta algo al pobre Plácido para satisfacer su deuda. El inconformismo del ayudante del pasante es también significativo, ya que está metiendo horas en Nochebuena. El conformismo del pasante es también algo a recalcar, y la perorata que le dice a su compañero para que deje el trabajo y se jubile también es llamativa. La hipocresía hacia la campaña, tildada de imbecilidad por el ayudante, es también remarcable. Si en una secuencia anterior un empleado pujaba por una actriz para lucirse ante su jefe, pensando que alguien superaría la puja, en esta ocasión los pasantes del notario también han tenido que coger un pobre de la campaña, al igual que el señor notario. La copita que vemos desde detrás del mostrador de la notaría es una muestra más del mantenimiento de las apariencias y la hipocresía de las profesiones liberales de la pequeña ciudad de provincias y de sus empleados, algunos más dóciles que otros. El trato que los pasantes dan a Plácido es similar al recibido por este y Julián en la sucursal bancaria. Los empleados del notario y del banco se encuentran por debajo de las élites de la ciudad, pero por encima de pobres diablos como Plácido, y así lo hacen saber.

5.2.12. Esta noche es Nochebuena

0h. 38' 37"

En los urinarios públicos, Paquito canta un villancico mientras quita el belén que habían puesto en un lavabo. Emilia friega el suelo de los retretes, mientras Julián cuida a Emilita y el abuelo dormita en una silla. Llega Plácido desesperado con la intención de recaudar entre sus familiares el dinero que le falta para satisfacer los gastos de la letra. Primero, solicita veinte duros al abuelo, pero este solo tiene el importe necesario para el viaje de vuelta al pueblo. Después, pide a Julián, pensando que ha ganado algo repartiendo las cestas navideñas, pero este ha sacado muy poco con las propinas. El cojo saca de un retrete una cesta que ha rechazado un cliente. Plácido la coge con objeto de dejarla en el notario como garantía, pero Julián propone disfrutarla en la cena. Lo que no quiere el hermano del transportista es devolvérsela al jefe, con el que ha tenido algún problema. Tras ocultar la cesta en el motocarro, la familia de Plácido sube al vehículo y abandona los retretes públicos en la fría noche navideña con la intención de ir a casa a cenar.

Desde un punto de vista estricto, son dos secuencias enlazadas que suceden en el interior y exterior de los urinarios públicos en los que trabaja Emilia. La parte que acaece dentro de los retretes consta de tres planos y la que acontece fuera solo de uno. Tras ver la opulencia de la casa de los Galán, regresamos al quiosco evacuatorio para seguir constatando las diferencias sociales entre los burgueses y los humildes que, así y todo, están por encima de los pobres de asilo y de calle. El hecho de que Julián esconda la cesta navideña en un retrete es tan esperpéntico como el humilde nacimiento que Paquito desmonta en el lavabo. La atrasada España rural está representada por el abuelo que viene a la ciudad con algunas viandas, pero sin dinero alguno, porque la cosa está muy mal en el agro hispano. La excusa de que la cosecha ha sido mala nos recuerda a lo que decían los habitantes de Villar del Río en *Bienvenido Mister Marshall* cuando venían autoridades, aunque hubiesen tenido beneficios. La cesta que se ha quedado Julián parece funcionar, en principio, como macguffin, pero finalmente tendrá su trascendencia en el desenlace del filme. La desolación de la noche, a pesar de ser fecha tan señalada, es patente en los modestos personajes que se cruza la familia Alonso al abandonar el lugar: el vendedor de globos, con un fueguillo para intentar templarse, o los barrenderos, todas personas humildes que no están en lugares distinguidos como los indigentes de la campaña. Al final de la secuencia, se vuelve a oír, mientras observamos alejarse al vehículo, el leitmotiv de la película. La pancarta que ya veíamos antes y que reza "Bienvenidos, peregrinos de la caridad" deja sola la calle. La sombra del motocarro, con su estrella de David, es lo último que se ve en la escena.

5.2.13. La guerra austrohúngara 0h. 41' 21"

De vuelta a casa de los Galán, Olmedo continúa retransmitiendo la cena de Nochebuena, en este caso, de Erika y del indigente Ricardo Guerras. La estampa es surrealista, ya que la joven y el anciano cenan sin apenas hablar y mirarse. Los anfitriones no se encuentran en la casa porque han tenido que salir y, animados por Olmedo, la joven y el pobre platican de manera artificial, como siguiendo un guion, donde la impostación es la seña de la actriz, y la naturalidad la del viejo. El locutor pide alegría y el pobre comenta cosas terribles como que cree que tiene cáncer y que había estado mejor en la época de la guerra austrohúngara. A la casa llega Plácido, provisto de la cesta navideña, con la intención de hablar con Quintanilla, pero la criada le comenta que el organizador y los Galán han ido a la casa de los Helguera, los de la ferretería, otra familia burguesa de la ciudad, ya que un pobre se ha puesto enfermo por el frío que han pasado en la estación y la cabalgata, según el indigente de los Galán.

Es el quinto plano secuencia, en un sentido estricto, de la película y el segundo llevado a cabo en la misma ubicación. La confrontación de mundos contrapuestos, en la cena entre la ignota actriz y el anciano que han asignado a los Galán, muestra la pericia de Azcona y Berlanga en los diálogos de la misma. Por un lado, el locutor habla de una conversación brillante y animada, mientras que lo que predomina es la impostación, sobre todo por parte de la chica, para intentar salvar la retransmisión. Además, el hecho de que los anfitriones hayan abandonado a los invitados da un carácter más esperpéntico a la situación. Erika no sabe qué preguntar al anciano y, siguiendo las instrucciones de Olmedo, que pide alegría, suelta una falsa risotada demostrando que es una actriz limitada; su contrapunto es el tremendismo del viejo, que solo habla de enfermedades, vejez y el frío que han pasado en la cabalgata y la estación. Entre las perlas que suelta el personaje encarnado por Félix Fernández está la coletilla "la guerra austrohúngara", que tiene su importancia en el relato porque este término aparece en todos los filmes de Berlanga exceptuando *Esa pareja feliz*, que introdujo el director de manera casual en sus dos primeras obras en solitario, *Bienvenido Mister Marshall* y *Novio a la vista*, y que, a modo de superstición o marca de la casa, repitió en todas sus películas desde 1952 hasta el final de su carrera.

5.2.14. La colonia de los mosquitos $\qquad$ 0h. 43' 15"

Pascual (Antonio Gandía), es el pobre que ha enfermado en la casa de los Helguera, una familia de origen republicano que intenta guardar las apariencias en la conservadora ciudad de provincias. Son, un poco, un quiero y no puedo. Álvaro Gil (Agustín González), registrador de la propiedad y prometido de Maruja (Carme Contreras), la hija de la familia, intenta buscar el pulso en vano al indigente, mientras este permanece sentado en un sillón con la mirada perdida. A María, la señora de los Helguera (Julia Delgado Caro), le preocupa más resolver la situación del enfermo por el qué dirán que por la propia salud del mismo. El médico parece que va a tardar, pero los Helguera tienen un vecino dentista que puede hacer las veces del doctor mientras este llega. Matías (José Franco), el marido, protesta porque no quería haber traído un pobre a su casa. La criada, Antonia (Amparo Gómez Ramos), tampoco ayuda mucho. La señora de Galán va a venir a intentar resolver el "problemilla" que se ha generado con Pascual. María advierte a su esposo que trate con educación a los que vengan, mientras el enfermo queda relegado a un segundo plano. Los Helguera deciden, en primera instancia, acostar al indigente en la cama de la sirvienta, cosa que no hace mucha gracia a esta. Maruja, pensando en el efecto negativo que tendrá para la de Galán encontrar al pobre en el cuarto de la criada, propone acostar a Pascual en la habitación del matrimonio. María, Álvaro y Matías, ayudados por Antonia, trasladan al pobre, como si fuera un saco, a la habitación principal de la casa.

Berlanga vuelve a utilizar la técnica del plano secuencia, aunque, en esta ocasión, divide la escena en dos segmentos con un corte en medio de los mismos. La duración de la secuencia supera los dos minutos y medio, y el corte está realizado aproximadamente en la mitad del segmento. En algunos momentos simultanea, de nuevo, tres acciones: en primer término, el cabeza de familia come turrón de un plato; en segundo, Álvaro y María, y Pascual con la mirada perdida, observan a Matías; en tercer término, Antonia llama a gritos al vecino por la ventana. Irrumpe en plano Maruja, mientras el matrimonio conversa y la criada vocifera.

La secuencia pone de manifiesto, de nuevo, uno de los temas más importantes de *Plácido*: la incomunicación. Hay un problema común que es el enfermo, del que cada uno de los personajes intentará librarse de una manera distinta: María Helguera está más preocupada por la inoportuna visita de la señora de Galán que por la atención al propio indigente; su marido no quería haber participado en la campaña y le incomoda mucho que les vengan a importunar ahora; la criada está más preocupada de que no metan a Pascual en su cama o de su permanente que del pobre en sí; Álvaro y Maruja tampoco aportan muchas soluciones, aunque el prometido intente buscar el pulso al pobre. Todos los diálogos entre personajes son incómodos reproches entre ellos. Todos son antipáticos. A la señora Helguera le da igual que Pascual sea atendido por un dentista, el caso es quitarse el problema de encima. La hipocresía de meter al indigente en su cama con las mejores sábanas por el qué dirán es absolutamente espeluznante. La mediocridad de la pequeña urbe provinciana vuelve a aflorar cuando hablan de lo que piensa el patriarca de los Helguera, disidente con la campaña y la ideología imperante, a pesar de su condición burguesa. Matías no respeta nada ni a nadie: enciende la radio para poner villancicos, porque el pobre no es de la familia; llama "tiorra" a la organizadora de la campaña que va a visitarles. Mejor parada no queda María, más preocupada por que su marido se ponga corbata o por que la sirvienta lleve cofia que por el pobre Pascual, al que van a perfumar con la colonia de los mosquitos.

5.2.15. Campana sobre campana $\quad$ 0h. 45' 50"

María Helguera habla desde la ventana, por el patio de luces, con Josefa (Carmen Farguell), una de las hermanas solteronas del vecino dentista, y le solicita una visita del odontólogo a su casa para atender a Pascual mientras llega el médico. Don Poli (José Gavilán) está compartiendo mesa navideña con el pobre que les ha correspondido (Luis Ciges) y su perro, y sus hermanas solteras tocan al piano el popular villancico "Campana sobre campana". Mientras el odontólogo cuenta al indigente historias del perro, al que trata prácticamente como a una persona, Viviana (Mary Alda), la hermana mayor, insiste al facultativo para que acuda a ayudar a los vecinos. El pobre advierte al dentista que Pascual ha padecido dos amagos de angina de pecho y que su salud es bastante quebradiza. Mientras Don Poli va a vestirse de dentista y la otra hermana sigue destrozando el villancico, Viviana muestra su contrariedad por la molestia que va a sufrir su hermano subiendo a ver a Pascual por "capricho" de los vecinos; le importa más la salud de su perro que la de una persona. El dentista pide al indigente que le acompañe a la casa de los Helguera, aspecto que gusta a Viviana, ya que mostrará a los vecinos que ellos también han acogido a un pobre. Este, que ve que se le puede haber chafado la cena, coge varios trozos de turrón para el camino, mientras la otra hermana sigue interpretando el villancico de manera bastante pesada.

La secuencia se compone de cuatro planos. Una alternancia entre el contrapicado y el picado que nos muestra a María Helguera en un inquietante contraluz y a Josefa nos da paso a un pequeño travelling que corta al plano más extenso de la secuencia y que, por medio de nuevo de la técnica del plano secuencia, desarrolla la parte más importante de la escena, en el salón de la casa del dentista.

A pesar del tratamiento humorístico de toda la película, el hecho de que el pobre y el perro estén equiparados en la mesa navideña es todo un manifiesto de intenciones de Berlanga. Al perro le dan de comer como si fuese una persona, y el dentista cuenta al indigente que ha intentado construir una prótesis dental para el animal. El can, además, está colocado en la mesa en una silla para comer de niño pequeño. Don Poli comenta que el animal en cuestión es celoso y que le molesta que en la mesa sirvan antes a los invitados. Las solteronas, en especial Viviana, hablan y tratan al perro como si fuese un ser humano. Al pobre le hablan con naturalidad, pero el desprecio ante los vecinos, que "molestan" con una persona que se ha puesto muy enferma y "las ganas de incordiar" en las fechas señaladas, siguen mostrando el cruel retrato hipócrita de la sociedad burguesa de la pequeña ciudad.

Otro rasgo significativo de la secuencia es el tratamiento despectivo, de nuevo, que Berlanga da a las solteronas, como mujeres que valen para bien poco porque su hora de ser madres o esposas ya ha pasado. Las presenta como seres poco agraciados físicamente que cuidan de su hermano, también soltero, porque no les queda otra cosa que hacer, que no cenan porque el dentista las ha puesto a régimen, y que amenizan en segundo plano veladas como la navideña aporreando el piano. El retrato de la solterona ya aparecía de manera monográfica en *Calle Mayor*, aunque el punto de vista del filme difería del de *Plácido*. Bardem se ponía de parte de la mujer que era víctima de una broma de señoritos de casino; en la película que nos ocupa, Berlanga muestra a estas caricaturescas solteras como seres despreciables más empáticos con los animales que con las personas.

5.2.16. Subiendo las escaleras 0h. 48' 02"

El dentista y el indigente comienzan a subir las escaleras que hay entre el domicilio del primero, sito en la planta baja del inmueble, y la casa de los Helguera. Al portal llegan Encarna de Galán y su esposo Edmundo, Quintanilla, Martita y un sacerdote. El odontólogo les abre la puerta y, mientras todos ellos suben, hablan sobre los Helguera, a quienes identifican con una familia republicana. Se apaga la luz en el momento en que el organizador explica de qué conoce a la familia en cuestión. Los siete personajes llegan a la puerta de la casa de los Helguera y la de Galán pulsa el timbre.

Esta secuencia de transición, resuelta en dos planos, sirve para unir al dúo dentista-pobre con los de la organización, montando un grupo de siete personas que se van a unir a los que ya están en la casa de los Helguera esperando. El apagón de luz permite que transitemos hasta que el grupo se plante en la puerta del domicilio. Un equilibrado encuadre de los siete variopintos personajes en el momento en que llaman al timbre, nos muestra a seis de ellos formando un círculo, del que queda fuera el indigente.

En el ascenso a la casa de los Helguera, se muestra una vez más la hipocresía predominante en esta película, que retrata muy bien a la sociedad mezquina de la pequeña urbe provinciana. El señor Galán dice no conocer a los Helguera y, al comentar Quintanilla quiénes son, la de Galán dice que son republicanos, coincidiendo con el apagón de la luz en la escalera. La coincidencia es deliberada y muestra los resquemores de las familias conservadoras frente a los que perdieron la guerra, aunque la señora de Helguera intente por todos los medios parecerse a gentes como los Galán, merced a su posición económica y social, que difiere poco entre las dos familias. En el grupo frente a la entrada de la casa de los Helguera nos encontramos a cuatro personas relacionadas con la organización y la familia Galán, a dos individuos que van a atender al enfermo desde la perspectiva de la ciencia, el odontólogo, y desde la fe, el sacerdote, mientras que el séptimo integrante del grupo, el pobre del dentista, queda fuera del mismo social y físicamente.

5.2.17. La casa de los Helguera   0h. 48′ 53″

La señora Helguera y su hija Maruja hacen la cama de la habitación principal de la casa ante la inminente llegada de los Galán y los organizadores de la campaña. Matías se anuda una corbata, mientras Álvaro Gil pone el termómetro al pobre Pascual y Maruja echa la colonia de los mosquitos para evitar el mal olor reinante. La de Helguera coloca correctamente la cofia a la sirvienta que abre la puerta a los visitantes. La comitiva entra en el salón. Mientras Don Poli y el cura se dirigen a atender al enfermo, aunque luego se quedan hablando con el señor Galán en segundo término, el pobre del dentista se sienta a la mesa y se pone a comer todo lo que pilla. Quintanilla busca un teléfono para llamar. Aparece María Helguera acompañada de su esposo, hija y yerno, y saludan a los Galán y compañía. El cura y el facultativo pasan a la habitación y los Helguera y los Galán hacen las presentaciones pertinentes. El pobre del dentista sigue poniéndose las botas comiendo mientras finalizan los protocolos y todos los presentes van a ver al enfermo. A Martita le da reparo entrar a ver al moribundo, pero finalmente lo hace. Ya en la habitación, el grupo de ocho personas rodea al pobre Pascual, a quien no tienen acostado sino sentando en una mecedora. El dentista ausculta al paciente ante los lamentos de la de Galán por la campaña, ya que todo estaba saliendo muy bien. El odontólogo comenta que el indigente ha sufrido un infarto de miocardio debido a una angina de pecho. Piden a María Helguera, que está poniendo una velita a un santo que tiene en la habitación, que hierva una inyección. Al ponerse fea la situación, los presentes abandonan el cuarto del enfermo para dejar al sacerdote que haga su trabajo ante la posibilidad de un fatal desenlace. Ya en el salón-comedor, la de Helguera ofrece tomar una copita a los visitantes.

Suena el timbre. Piensan que es el médico, pero es Plácido que sigue acarreando la cesta de Julián. El transportista aún no ha resuelto el tema de la letra del motocarro y trae la cesta para dejársela en prenda a Quintanilla si este le abona los veinte duros de gastos de la letra que todavía le faltan por satisfacer. El dentista irrumpe en el comedor comentando que lo de Pascual se está acabando. Las reacciones de los presentes no se hacen esperar. Se barajan opciones, como llevarle al asilo, pero el pobre del dentista comenta a los presentes que Pascual no es del asilo y que vive en concubinato con una pobre llamada Concheta, a la que deciden ir a buscar para casarla con el moribundo y evitar el "pecado mortal" de su relación. Plácido sigue insistiendo a

Quintanilla que le dé el dinero, mientras este se dirige a buscar a la pareja de Pascual. Las señoras de Galán y Helguera deciden rezar un rosario para amenizar la espera.

Aunque la secuencia se compone de cuatro largos planos, la técnica de plano secuencia llega al máximo esplendor en esta escena, que es una de las más recordadas de la película. El segmento en cuestión dura cinco minutos y cuarenta segundos. El retrato esperpéntico de la pequeña burguesía urbana es uno de los ejes de la cinta y aparece muy bien marcado en esta secuencia. La familia con antecedentes republicanos intenta aparentar todo lo que puede y más ante la familia tradicional conservadora de la ciudad provinciana. A pesar del diferente componente ideológico de origen, la casa de los Helguera y la de los Galán se parecen mucho. En ambas mansiones hay servidumbre y la decoración de las dos viviendas no difiere. La falsedad y el peloteo hacia la organización de la campaña ya comienza con el hecho de haber acogido a un pobre en tan señaladas fechas. La fatalidad provoca que el indigente se ponga enfermo tras la cena. El tema religioso también aparece como seña de identidad de las familias acomodadas, y en este caso María Helguera tiene un pequeño altar al que pone velitas en su habitación y se dispone a rezar un rosario con Encarna de Galán pensando en la situación del enfermo. El cuarto está lleno de cuadros de temática mariana con estampitas y escapularios. El hecho de que Pascual viva en concubinato supone un escándalo para los presentes, que ven más importante resolver esta cuestión, casando a Pascual con su compañera Concheta, que el hecho de que el enfermo sobreviva. Es interesante, asimismo, la actitud del pobre del dentista, que se encuentra al margen de los grupitos que se forman, y que aprovecha la confusión que reina en la casa para llenar la tripa. En todo momento aparece este hambriento personaje acopiando comida, excluido de los grupos que se forman, hasta que cuenta la situación marital de Pascual, cuando es escuchado por todos. El pobre enfermo es literalmente zarandeado por los burgueses, que mueven la mecedora cuando el dentista le está auscultando. La coralidad y la confusión de muchos personajes interactuando es seña de identidad del cine berlanguiano, y en esta secuencia de *Plácido* alcanza límites insospechados.

Es interesante también la relación que Quintanilla comienza a tener con Álvaro Gil, el registrador de la propiedad. Este último es yerno de una de las dos familias burguesas, y el primero lo va a ser en breve. Ambos tienen una posición social similar. Además, el hecho de que los personajes sean interpretados por López Vázquez y Agustín González, compañeros de fatigas en muchos filmes, imprime un carácter especial a la presencia de ambos en la obra. Quintanilla y Martita también tienen sus más y sus menos en la secuencia después del asunto de esta última con el galán en el casino. Todos los actores cumplen a la perfección su cometido, pero López Vázquez está sensacional buscando siempre excusas para lucirse, como los estornudos o el reproche sobre la caspa que su novia le hace. Precisamente, caspa hay y mucha en la situación absurda que se genera en la casa de los Helguera. Mención especial merece también el pobre hambriento encarnado por Luis Ciges, con momentos brillantes como el de la llegada de Plácido con la cesta en el que arrebata la copita que Quintanilla tiene en la mano e intenta coger algo de la cesta ante la oposición del transportista.

5.2.18. Manga por hombro 0h. 54'33"

En el exterior de la casa de los Helguera, los miembros de la familia de Plácido aguardan al transportista ateridos de frío. Emilia y el abuelo están sentados a la mesa donde se representó el cuadro plástico, en la trasera del vehículo, mientras Paquito enreda con el volante, Emilita llora desconsoladamente y Julián se ubica junto al motocarro. Quintanilla y Plácido, pertrechado con la cesta navideña, salen del portal y llegan al vehículo. El transportista sigue dando vueltas al tema del pago de la letra. Quintanilla le propone un trato: ir a la casa donde está la concubina del enfermo y resolver después el asunto de la letra. El organizador pide a Don Matías Helguera que permita a la familia de Plácido subir a su casa mientras llevan a cabo el trámite. A Emilia y al abuelo, que sigue llevando la cesta de viandas que ha traído del pueblo, no les hace gracia seguir demorando su cena navideña. Este último no para de protestar y dice que todo "está manga por hombro", aludiendo a la situación de desorden generada a lo largo del filme. Finalmente, Plácido y Quintanilla, que ha olvidado su abrigo y está con sinusitis por el frío, abandonan el lugar. En el momento en que parte el motocarro, un perro callejero ladra a Julián, que le responde amenazante con la pierna mala.

El sexto plano secuencia propiamente dicho del filme es una secuencia exterior de transición que nos saca momentáneamente de la casa de los Helguera. La escena continua por los derroteros de incomunicación de toda la película. Cada uno va a lo suyo sin importarle los demás: mientras Quintanilla quiere ir a buscar a la pareja de Pascual, Plácido sigue, erre que erre, con el asunto de la letra del motocarro, en tanto que los familiares del transportista desean irse a casa a cenar. Don Matías acepta a regañadientes que estos últimos suban a su domicilio mientras Plácido y Quintanilla van a buscar a Concheta. Julián, por último, se queda solo y abandonado, ya que ni le lleva Plácido en el motocarro, ni sube a casa de Matías por su cojera y la cantidad de escaleras que tiene que ascender. Solo con la cesta navideña, es atacado por el perro callejero. La escena, dentro del tono tragicómico de la cinta, es bastante desagradable y una muestra más de esa España triste, oscura y esperpéntica de Azcona, Buñuel, Solana o Goya, con chuchos callejeros agresivos y lisiados. La violencia con que se despacha Julián, en una buena interpretación de Manuel Alexandre, es francamente llamativa. El encuadre es interesante, con la contradicción entre la iconografía navideña y la solidaridad que emanan estas fechas, y la mala vibración que desprende el final de la secuencia. La cesta, en primer término, y una estrella navideña de iluminación, en la parte superior derecha del cuadro, cierran esta interesante escena.

5.2.19. Los peces en el río 0h. 56'03"

Mientras canta el conocido villancico "Los peces en el río", Marilú (Amparo Soler Leal), una actriz local sindicada que ha acogido una pobre, se coloca una liga en su pierna. Concheta (Julia Caba Alba), la indigente que le ha correspondido, bebe un licor, sentada a la mesa navideña. La actriz aprovecha la presencia de la pobre para hablar con ella temas de mujeres y obsequia a esta con un liguero que a ella no le vale y que le había regalado Ramiro (Antonio Ferrandis), su amante, que se encuentra en la cocina fregando la vajilla. El hombre está fastidiado porque había movido los hilos para encontrarse con su querida y tiene que aguantar la inesperada e incómoda presencia de Concheta. Marilú se agobia pensando que el día de mañana se puede quedar como la invitada y comenta a su amante que ha traído a la mujer porque tiene necesidad de hacer cosas buenas. Ramiro no quiere compartir a Marilú con Concheta en el momento de los turrones y el cava, pero finalmente accede a hacerlo y se hace el simpático a regañadientes. Llaman a la puerta. Son Quintanilla y Plácido que buscan a la pobre. Ramiro, ante el miedo de ser sorprendido con su querida y que le reconozcan, se esconde en un armario con una botella de cava. Concheta accede a irse con el transportista y el organizador y dice a Marilú que se despida de Ramiro. A este, dentro del armario, se le descorcha estrepitosamente la botella. Quintanilla piensa que ha oído un tiro, pero finalmente, animado por la actriz, acaba por irse. Ramiro, con un ojo lastimado por el tapón de la botella, sale del armario pringado de cava.

A diferencia de secuencias anteriores, en esta ocasión la escena se compone de diez planos y dos partes claramente diferenciadas. La primera, que dura un minuto y veinte segundos, está bastante picada y consta de nueve planos, que dan bastante agilidad al montaje. El décimo plano de la secuencia, que pasa de los dos minutos, vuelve a la técnica del plano secuencia y se asemeja a lo que hemos visto hasta ahora en la película.

En este segmento hay varios temas susceptibles de análisis. En primer lugar, el hecho de que la secuencia comience con un plano tan explícito de las piernas de Marilú nos recuerda el componente fetichista de muchas películas posteriores de Berlanga, sobre todo en las que aparecen temas relacionados con piernas, medias, lencería y, sobre todo, zapatos y pies, una de las filias más conocidas del valenciano en su condición de erotómano consumado. Observamos una imagen bastante erótica, la de las piernas de Amparo Soler Leal mientras canta un conocido villancico, lo que resulta bastante paradójico. Se nos presenta a Marilú como una mujer joven y bastante moderna, fumando, con un amante que seguramente la mantiene, y es, como ya veíamos en la secuencia de la llegada de los artistas, otro reflejo del frívolo mundo de la farándula. En contraste, Concheta va vestida con la cabeza cubierta y bebe con ganas chupitos de licor. Dos mundos femeninos totalmente opuestos para dos mujeres que tienen una relación sin estar casadas. El hecho de que Marilú le regale el liguero o comparta confidencias con ella tiene gracia. Como sucede en el resto de la película, cada una de ellas tiene un objetivo marcado y ninguna escucha a la otra: Marilú se preocupa por su figura, por cómo va vestida y por aparentar, mientras que Concheta solo quiere atiborrarse a dulces y a chupitos, porque no sabe cuándo estará en otra situación como esa.

Por su parte, el personaje que encarna Antonio Ferrandis es un clásico en el cine español. El empresario o profesional liberal que tiene una querida a la que en muchos casos le pone un piso para ir ahí a consumar el adulterio lo hemos visto en infinidad de filmes anteriores, como *Surcos*, de Nieves Conde, o posteriores, como *Pim, pam, pum fuego* (1975), de Pedro Olea, por poner algunos ejemplos. Ramiro, al igual que las dos mujeres, tiene un anhelo en la secuencia que es librarse de Concheta y acostarse con Marilú. Los objetivos de los tres personajes chocan y son incompatibles hasta que Plácido y Quintanilla se llevan a la pobre y Ramiro tiene el accidente dentro del armario. Es interesante el momento de la cocina en que la pareja observa a la indigente como si fuese un mono de feria. El cierre de la puerta corredera para marcar distancias con la pobre y el miedo que Marilú tiene a quedarse como Concheta el día de mañana son significativos también en la brecha entre pobres y acomodados. La chica menciona esto comiéndose un bombón y fumándose un pitillo para llamar la atención de su querido, que se muestra muy efusivo y pesado con ella, que es quien tiene el dominio absoluto de la situación. Desde la perspectiva relacionable con la misoginia que comentábamos con anterioridad, Berlanga presenta a una mujer inteligente que tiene dominado a su amante por sus encantos. La parte final, con la llegada de Plácido y Quintanilla, propicia que, paradójicamente, Ramiro se esconda en un armario. El desenlace de la secuencia, vodevilesco y expresivo, si seguimos a Company, articula la comicidad del momento en torno al descorche en off de la botella, que alcanza al ojo izquierdo del hombre, dejándole semiciego. Quintanilla confunde el "taponazo" con un disparo, y a la marcha de éste y Plácido con Concheta, un aturdido Ramiro sale del armario y no puede ver en esplendor la liga que le muestra Marilú, para quitar hierro a la situación, y que el espectador puede ver como algo de carácter libidinal (Company, 2021: 101).

5.2.20. Boda "in articulo mortis"   0h. 59′ 29″

En la casa de los Helguera, mientras esperan la llegada de Plácido y Quintanilla con Concheta, la anfitriona y la señora de Galán rezan el rosario en compañía de Martita, mientras el pobre del dentista sigue comiendo compulsivamente. La familia de Plácido aguarda aburrida, en el recibidor de la casa, la llegada de este. Llaman al timbre. Llegan Álvaro Gil y el comandante Don Carlos García (Emilio Sancho), cargo militar que puede actuar en la boda "in articulo mortis" como representante de la autoridad legal. Finalizado el rosario, el dentista comunica a los presentes que el enfermo se ha quedado dormido. Martita aprovecha la ausencia de su novio para hablar por teléfono con su amiga Fuensanta, que se había llevado a cenar a su casa al actor Roberto Bonifaz. Suena el timbre de nuevo e irrumpen en la casa de los Helguera Quintanilla y Plácido acompañados de Concheta. Sorprendida por su novio, Martita disimula, mientras las señoras de Helguera y de Galán van a arreglar un poco a la anciana de cara al casamiento. La familia de Plácido sigue esperando aburrida, y Emilita llora desconsoladamente. Matías Helguera y Álvaro Gil proponen a Quintanilla que "el señor del motocarro" traslade al enfermo al terminar la boda. El promotor, que sigue resfriado y con sinusitis, propone el porte a Plácido, pero este insiste en resolver el asunto del pago de la letra e irse a cenar con su familia. Para convencer al transportista, Quintanilla, supuestamente, telefonea al notario. Álvaro Gil proporciona un respirador expectorante al organizador para intentar mitigar su resfriado. Matías Helguera quiere que se lleve a cabo la boda lo antes posible y deshacerse del enfermo.

Pascual vuelve en sí y todos los personajes presentes se reúnen en torno a él con la intención de llevar a cabo el enlace. A Concheta le ponen un improvisado velo y le dan un ramo de flores de pega. La indigente, Concepción Vivas Brozas, acepta como esposo a su compañero pobre, Pascual Ruiz Hoyos, que se encuentra muy aturdido, y que niega, en primera instancia, la opción de casarse con ella ante el cura y los allí presentes. Plácido insiste a Quintanilla para que llame al notario, y Álvaro Gil sigue persiguiendo al organizador con el respirador. En torno al teléfono, esperando la llamada, se encuentran Quintanilla, que se prueba el aparato expectorante, y Plácido. Al fondo, el pobre del dentista sigue comiendo compulsivamente ajeno a lo que allí sucede. La familia de Plácido está harta: Emilita sigue llorando, Paquito juega con los niños de la casa y Julián quiere largarse. Según dice el organizador, el notario acepta que el transportista y Quintanilla vayan a su despacho a finiquitar el tema de la letra.

De vuelta al salón, donde sigue celebrándose la boda, finalmente Pascual acepta casarse con Concheta y todos felicitan a la pareja. Martita intenta limar asperezas con Quintanilla por el tema de la llamada telefónica, pero el hijo del de las serrerías, que sigue utilizando el respirador expectorante, no las tiene todas consigo. Matías Helguera insiste en que Plácido se lleve al enfermo. Un aburrido Julián coge la cesta que portaba y decide largarse de la casa. Cuando todos están de acuerdo y parece que Placido va a llevarse al enfermo, aparece el dentista comunicando la fatal noticia del deceso de Pascual. La nueva situación provoca airadas reacciones de los presentes. Plácido no se lo quiere llevar ya, pero Matías insiste en que hay más urgencia con la nueva situación, ya que es imposible que transporten el cadáver con los otros pobres en el camión. El dentista, por su categoría profesional, tampoco puede certificar la muerte del indigente. Finalmente, Álvaro Gil y Quintanilla convencen a Plácido para que transporte al finado con la condición de pasar antes por la notaría. El organizador, convencido por los demás, acompañará a Plácido a regañadientes. La señora de Helguera propone cubrir el cuerpo de Pascual con una manta vieja. Huele raro a causa del queso curado que porta el padre de Emilia y que ha traído del pueblo. Cuando se disponen a salir, la de Galán hace carantoñas a Emilita y da unos bonos de ropa de la campaña en plan caritativo a Emilia. Entre Plácido, Quintanilla y Julián, sacan al finado a cuestas. Concheta llora.

La secuencia de la boda "in articulo mortis" es, quizás, la más importante de la película y una de las más significativas en la trayectoria de Berlanga, pues es la primera vez en que aparece alguien muerto de alguna manera. Hasta *Plácido*, las historias dirigidas por el valenciano eran más amables, dentro de la corrosión y crítica que llevaban implícitas. La colaboración con Azcona origina historias más negras y esperpénticas. Se trata de una de las secuencias más complejas y largas del filme a nivel técnico. Se divide en nueve planos, y dura casi nueve minutos, con alternancia de planos secuencia de entre uno y dos minutos (el primero, el tercero, el sexto y el octavo) con planos más breves que sirven como nexo de unión entre segmentos más largos (el segundo, el cuarto, el quinto, el sexto y el séptimo), y un último plano, el noveno, con el que concluye la secuencia, que se va casi a los tres minutos.

La cuestión que aparece desarrollada con gran destreza en esta secuencia, y que ya se ha venido dando en momentos precedentes del filme, es la incomunicación de los personajes, que en esta escena llega a límites insospechados. Todo el mundo habla y nadie escucha. El comienzo de la secuencia es significativo a este respecto: las señoras rezan el rosario, Martita se dispone a telefonear, el pobre del dentista come sopa sorbiendo, Antonia, la criada da de comer al indigente, Maruja se dispone a abrir la puerta, Álvaro Gil y Don Carlos hablan de temas legales relacionados con la boda y la familia de Plácido espera aburrida en el recibidor. En el siguiente momento, se desarrollan asimismo varias tramas simultaneas: Martita hablando con su amiga y el galán por teléfono, la llegada de Plácido y Quintanilla, y el resto de personajes conversando en torno a la mesa.

La falsa caridad y la hipocresía también llegan a su máximo esplendor en la secuencia. Concheta y Pascual deben casarse para no seguir en pecado mortal y, en el momento en que el anciano muere, todos los benefactores de la campaña caritativa quieren deshacerse del cadáver a toda costa: los Helguera no quieren cargar con el cuerpo en su casa la noche navideña, los Galán no quieren montar al muerto en el camión para no despertar sospechas. La única solución para contentar a las dos familias pudientes es que Plácido se lleve al finado en el motocarro. El transportista, a pesar de su humilde posición, tampoco es nada solidario con nadie y solo quiere pagar la letra. El momento posterior a la muerte de Pascual es absolutamente terrible, ya que ni siquiera el dentista quiere o puede certificar la muerte. La criada de los Helguera aporta una manta vieja para tapar el cadáver del pobre hombre. A Concheta no le hace nadie ni caso, ni siquiera el pobre del dentista, supuestamente conocido de la pareja, que sigue comiendo sin parar. La familia de Plácido está harta y quieren irse a su casa a cenar. Julián tampoco se muestra muy solidario con su hermano cuando le toca cargar con el muerto. La insolidaridad también se manifiesta cuando la señora de Galán da los bonos de ropa de la campaña a Emilia tras interesarse de manera superflua por su bebé. Dentro del desorden y caos que nos propone Berlanga en este microcosmos creado en la casa de los Helguera, llaman la atención las subtramas de Quintanilla, que dan un respiro cómico al desarrollo de la escena: por un lado, las conversaciones y desconfianzas con Martita, a quien sorprende hablando con el galán, y por otro, todo lo relativo a la sinusitis y a las afecciones respiratorias del "hijo del de las serrerías", y todo lo esperpéntico que es el préstamo del aparato expectorante por parte de Álvaro Gil y que da lugar a situaciones cómicas y grotescas, dentro de la gravedad de lo que está sucediendo.

El momento de la boda es uno de los más divertidos y absurdos de la película. Berlanga nos mete a nueve personajes rodeando a Pascual Ruiz Hoyos esperando que acepte a Concepción Vivas Brozas como su legítima esposa. Esta última, es uno de los pocos personajes que aportan un poco de ternura en este terrible retrato de la hipocresía humana. La interpretación de la entrañable Julia Caba Alba dota de una humanidad a esta mujer que contrasta con todo el personal que la rodea. El moribundo Pascual, obnubilado por la situación, en palabras de Álvaro Gil, también muestra un rostro entrañable y genera una situación muy divertida cuando no acepta a su compañera como legítima esposa, fruto del aturdimiento y de la presión a que está siendo sometido en los últimos momentos de su vida. Las señoras burguesas velan por que todo salga bien. La de Galán no dudará en mover la cabeza al moribundo para que diga sí finalmente, como si tuviese una marioneta en sus manos. Cuando la boda finaliza, los novios son felicitados con frases como: "por muchos años" o "que sean felices", cuando todos saben que Pascual está a punto de fallecer.

El momento del deceso es de una gran crudeza. El dentista comunica el fallecimiento, y los demás reaccionan airadamente sin querer cargar ninguno con el muerto. La falta de humanidad es apabullante, como ya hemos comentado con anterioridad. Todos discuten, hablan a la vez y gritan, mientras, en segundo término, la pobre Concheta es la única que llora a su ya legítimo esposo. A Pascual le van a poner encima una manta vieja y lo van a sacar clandestinamente de la casa. No hay que dar motivos a que murmuren los vecinos. El muerto da igual. Lo importante es que no se arruine la campaña. El hecho de juntar una boda con la muerte, lo llevará a cabo Berlanga, asimismo, en la posterior *Vivan los novios*, donde matrimonio y entierro coinciden al final de la película.

5.2.21. Traslado del finado 1h. 08' 14"

Plácido, Quintanilla y Julián bajan por las escaleras el cadáver de Pascual. Tras ellos, una llorosa Concheta y el resto de personajes que han acompañado a los Helguera en la grotesca boda "in articulo mortis" siguen al cortejo. Julián pide a Paquito que tenga cuidado con la cesta navideña. Se va la luz. La comitiva se detiene en el descansillo hasta que el señor Helguera la enciende. El niño tiene dificultades para llevar la cesta. Encarna de Galán y su hija se muestran "apenadas" por lo que han pasado.

Técnicamente es una secuencia muy corta, concebida en dos planos. El primero es una cámara fija que nos muestra a todos los personajes, en plano medio, saliendo de la vivienda de los Helguera. En el segundo, la cámara está colocada en el descansillo que hay entre el piso y el portal. Es una secuencia de transición entre la boda y la muerte de Pascual y la salida al exterior para trasladar su cuerpo al motocarro, última escena del nudo de la película. Nada menos que trece personajes, incluido el finado, bajan por las escaleras en ese tránsito simbólico hacia el inframundo, ya que descienden y entran en el mundo de las tinieblas con el apagón. La salida inicial de los trece personajes que transitan por la angosta escalera nos recuerda, en cierto modo y muy de lejos, a la famosa secuencia del camarote de los Hermanos Marx en la mítica *Una noche en la ópera* (*A Night at the Opera*, 1935), de Sam Wood. El espacio de aquel filme era más angosto que la escalera de la película que nos ocupa, pero la sensación de ahogo y agobio es parecida.

5.2.22. El viaje al más allá 1h. 08' 59"

En el exterior de la casa de los Helguera se encuentra aparcado el motocarro de Plácido. El transportista, Julián y Quintanilla depositan el cadáver de Pascual en la trasera del vehículo, concretamente en una de las sillas que, junto a una mesita, fueron utilizadas en la cabalgata para representar el paripé del cuadro plástico. El cuerpo del finado es tapado y atado para que no se caiga. Colocado el "porte", Plácido pide a Quintanilla la indemnización que negoció para transportar al muerto. El motocarro arranca camino de la notaría. Al paso del vehículo, los Galán, los Helguera, el dentista y su pobre saludan respetuosamente. Al estar "el problema resuelto", como comenta Encarna Galán, todos se despiden. Los Helguera vuelven a su casa y los Galán emprenden camino de su domicilio. El dentista dice adiós a su pobre, pero este pide al facultativo volver a la cena ya que la habían dejado a medias.

Con esta secuencia, compuesta de cuatro planos, finaliza la parte que hemos denominado desarrollo de la obra, con el asunto de la boda, la muerte de Pascual y el traslado del muerto. El cadáver del recién casado se va a trasladar al "más allá", abandonando el centro de la ciudad y trasladándose al extrarradio de la misma, que es donde vivía el indigente. Este más allá es más físico que simbólico, como veremos en posteriores secuencias. En coherencia con lo anteriormente comentado, los personajes siguen yendo a lo suyo. Plácido transporta al finado para recibir la indemnización prometida y para poder pagar la letra. Julián y la familia del transportista solo quieren ir a su casa a cenar. Quintanilla y los burgueses desean deshacerse del muerto para no empañar la campaña solidaria.

La insolidaridad del grupo es grande: cada uno a su casa. Al paso del cortejo, los hombres se descubren y las mujeres se santiguan. El pobre del dentista también es muy insolidario. Solo desea comer. Después de haberlo hecho en la casa de los Helguera, vuelve a pedir al dentista acabar la cena que habían dejado a medias. Y Plácido es más insolidario aún, sobre todo cuando comenta que "de buena gana dejaba el muerto tirado en la calle", ya que a él solo le preocupa finiquitar su problema. Todo ello en una plaza en que hay un cartel que reza: "Cuartel General del Generalísimo", y que reproduce el parte oficial del 1 de abril de 1939 que proclama la victoria franquista y nos recuerda que España continúa sufriendo una dictadura. Como comenta acertadamente Juan Miguel Company (2021: 94), el carácter obviamente sacrificial del plano va más allá de sus primeras intenciones, ya que en él no se trata tan solo de la espontánea comitiva fúnebre de un pobre paria ante su verdugo, sino del propio duelo de una clase media ciudadana, arrinconada por el franquismo como tal clase y como opción política y que engloba a todo un microcosmos social de perdedores, no por insolidarios, menos lacerados. En el momento en que arranca el vehículo, escuchamos de nuevo la música de Asins Arbó, que da un toque melancólico al momento y que dota de banda sonora a esta peculiar "road movie" en motocarro por las calles de una ciudad española de provincias.

5.3. Desenlace de la película

El desenlace de *Plácido* se compone de seis secuencias y veintiocho planos. Dura doce minutos y cincuenta y dos segundos, y acoge los dos últimos planos secuencia de la película, que corresponden a la escena de la casa del notario y la que acontece en el domicilio de Plácido, en la penúltima secuencia del filme.

5.3.I. Pago de la letra   `1h. 11'01"`

En la casa del notario, el pobre que les ha correspondido se ha cogido una buena borrachera. Está muy pesado y no para de cantar y de beber, ante el enfado de la esposa del notario (Camino Delgado), que quiere irse a la Misa del Gallo. El indigente sigue dando la tabarra cuando suena el timbre. Son Plácido y Quintanilla que vienen a pagar la letra. El señor Gil se muestra enfadado ya que no son horas, pero finalmente acepta hacer la gestión. Para desgracia de Plácido, el notario le comenta que, al carecer la letra de "tenedor", no tiene poder ejecutivo, y si el transportista no la hubiera pagado esa noche no le habrían multado ni habría pasado nada. Plácido decide, finalmente, no abonar la letra, pero el señor Gil le exige que lo haga para evitar que se la reclamen por vía judicial con posterioridad. Finalmente, Plácido abona el efecto y Quintanilla pone de su bolsillo lo que falta. El notario y su esposa se van a la Misa del Gallo y Plácido y Quintanilla también abandonan la notaría. El pobre se queda solo cantando y totalmente ebrio.

Se trata del penúltimo plano secuencia, en el sentido estricto de la técnica, que desarrolla mayoritariamente Berlanga en la película. Son algo más de tres minutos, sin cortes, que comienzan y finalizan con el pobre cantando villancicos y temas populares. Se produce, por fin, uno de los hechos más esperados de la película, el pago de la letra del motocarro por parte de Plácido. Tras abonarla, aún quedan otros diez minutos de película para que esta finalice. La letra, podríamos decir que ha actuado, en cierto modo, como macguffin, ya que en el momento en que el pago queda satisfecho, la película sigue y el asunto de la letra pierde la importancia que parecía tener en el desarrollo del filme, al contrario que la cesta sustraída por Julián, que tomará importancia en el desenlace final. Este hecho, además, nos recuerda el concepto de arco berlanguiano que se puede analizar en todas las películas de Berlanga y que ya comentábamos con anterioridad. Dentro del tema del retrato de la burguesía de la pequeña ciudad provinciana, se nos presenta otra casa acomodada integrante de la campaña caritativa donde el pobre asignado es tratado con desprecio y condescendencia por el matrimonio anfitrión. El notario está todo el rato intentando que el indigente se siente en el sofá y "duerma la mona". La esposa responsabiliza a su marido de que hayan elegido a ese pobre tan pesado, y prioriza irse a la Misa del Gallo a quedarse con el indigente. Además, cuando están marchándose, comenta en off a la criada que recoja la plata, ya que no se fía del pobre. Este está muy pesado e intenta "agradar" a sus anfitriones cantando de todo, desde villancicos a jotas y canciones populares como "Ay mamá Inés", tango congo del músico cubano Eliseo Grenet, o "El tumbaíto", de Antonio Machín. También propone al notario echar a estacazos a Plácido y Quintanilla. La incomunicación de los personajes es, de nuevo, palpable. Por supuesto, otra vez hay una crítica a la burocracia que no permite hasta este momento que Plácido pague su letra.

5.3.2. A todos nos tiene que tocar un día u otro `1h. 14'07"`

El motocarro transita por calles más lúgubres que las del centro de la ciudad. En la parte trasera, van apelotonados los familiares de Plácido y Concheta, además del muerto. Hace un frío tremendo. El transportista conduce apresuradamente para dejar cuanto antes al fiambre en su casa. Emilia intenta consolar a una llorosa Concheta diciendo frases hechas y manidas sobre la muerte. El motocarro se detiene junto a las escaleras de un cuartel. Junto al edificio, hay una iglesia en que se está celebrando la Misa del Gallo. Plácido y Julián, ayudados por Quintanilla, comienzan a trasladar al finado y suben las escaleras. Un centinela del cuartel les da el alto. La comitiva dice al militar que trasladan a un enfermo a su casa dentro de la campaña caritativa. El soldado les permite seguir. La modesta vivienda de Concheta se ubica en la bajera del cuartel. La casa es extremadamente pobre. Quintanilla, Plácido y Julián tumban el cadáver en la cama del estrecho dormitorio. Concheta llora desconsolada sentada junto a la mesa de la pequeña cocina. Para intentar animarla en tan desgraciado trance, Plácido insta a Julián a que traiga algún alimento de la cesta. A regañadientes, este pide a Paquito que suba dos o tres paquetes. Quintanilla comienza a dar unas pasas a Concheta. Cuando el trío se marcha, la mujer se queda sola con el muerto escupiendo las pasas y comiéndose compulsivamente una tableta de turrón.

Se trata de una de las secuencias con más planos de la película. Al contarnos el viaje hacia la casa de Concheta y la llegada a la misma, Berlanga decide utilizar una planificación bastante picada compuesta de catorce planos de pequeña duración que contradice, en cierto modo, el planteamiento principal del filme sustentado por largos planos secuencia. El espíritu navideño, o mejor dicho la ausencia del mismo, es una de las constantes de la película. Ya en el comienzo de la secuencia, observamos a un grupo de personas discutiendo antes de ser casi atropellados por el motocarro. El hecho de abandonar con el muerto a la pobre Concheta tiene poco de solidario. La manera en que los responsables de la campaña se desembarazan del cadáver es de una crueldad intolerable. El hecho de dar a la mujer algunos paquetes de la cesta es una limosna innecesaria que ahonda aún más en el mensaje pesimista de la película. El problema de la falta de solidaridad no solo es responsabilidad de las clases acomodadas, sino también de los pobres, que están solo un poco mejor que los indigentes. En ese sentido, ni Plácido ni Julián muestran un ápice de comprensión con Concheta porque son los primeros que quieren desembarazarse del muerto. Al menos, Emilia intenta dar apoyo a la viuda con frases hechas sobre la muerte que siempre hemos escuchado en los funerales y entierros: "a todos nos tiene que tocar un día u otro", "no somos nada", "ahora tiene que pensar en usted y hacer de tripas corazón" o "hay que vivir". Lo dice la responsable de los váteres públicos del centro de la ciudad. También Plácido, Quintanilla y Julián consuelan con frases manidas a la viuda en la parte en que dan de comer alguna cosa a la mujer para que pase de la mejor manera posible el mal trago. Lo más insolidario de la secuencia es la frase del organizador hacia la viuda diciendo antes de irse: "con lo bien que iba la campaña, qué fatalidad".

Antepone el éxito del evento caritativo a la muerte del ser humano, aspecto que hacen a este personaje muy despreciable. El "alto, quién vive" del soldado a la llegada de la comitiva es paradójico, pues estos transportan a un muerto.

El ambiente opresivo de ciudad levítica por el que transitan los personajes se acentúa en esta secuencia con la presencia de lo militar y lo religioso como trasfondo opresor y dictatorial. El halo lumínico místico procedente de la iglesia, en la que se habla en estas fechas de paz y caridad, y la música celestial que se escucha de fondo poco tienen que ver con la situación de pobres como Concheta o el malogrado Pascual. La amenazante presencia de un centinela y la ubicación de la casa de la mujer en la bajera del cuartel donde hizo la mili Julián nos hablan de un contexto opresor y militarizado y de una falta de esperanza grande en la España del momento, un país con grandes diferencias sociales.

Hemos visto las lujosas casas de las familias burguesas (los Galán, los Helguera, el dentista, el notario...) y nos falta ver las viviendas de los desfavorecidos: Concheta y la familia de Plácido. La casa de la viuda es muy pequeña, estrecha, oscura y lóbrega, con dos dependencias principales, una modesta cocina y un dormitorio. Los problemas de vivienda aparecerán como importante tema del cine de finales de los 50 y los 60, como se puede observar en *El inquilino*, de José Antonio Nieves Conde, *El pisito*, de Marco Ferreri e Isidoro Martínez Ferry, o incluso en *El verdugo*, del mismo Berlanga. El final de la secuencia, con Concheta comiendo turrón compulsivamente, tras escupir las pasas que le había dado Quintanilla, y el cadáver de Pascual descoyuntado, en segundo término, en la cama, es francamente desolador.

5.3.3. Una foto con el motocarro `1h. 17' 52"`

En el motocarro, Emilia lamenta de nuevo la suerte de Concheta. El abuelo quiere irse a casa a cenar. Quintanilla pide a Plácido que le acerque al domicilio de los Galán, pero, si lo hace, el transportista se desviaría bastante del camino a casa. Julián dice al organizador que coja un taxi, pero luego le propone un trato que es llevarle si les saca una foto de familia con el motocarro y la estrella de David, con la cámara que lleva consigo. Quintanilla accede y les hace la foto con flash, pero Plácido arranca el vehículo para largarse del lugar y dejar tirado a su compañero de fatigas. El organizador, solo y abandonado, emprende el camino de vuelta a pie.

La secuencia, que consta de seis planos y, como en la anterior, cambia un poco el concepto técnico de lo que se ha planteado a lo largo de la película, supone la separación de Plácido y Quintanilla, que, prácticamente, se han pasado juntos toda la película. Para hacer la foto a la familia, el organizador les pide que pongan cara de felicidad. Después de las penalidades pasadas, lo único que desean es llegar a casa. La felicidad es algo relacionado con la Navidad que, a veces, se torna en todo lo contrario. El transportista deja tirado al "hijo del de las serrerías" en un barrio de extrarradio lejano al centro de la ciudad. En su despedida, Quintanilla se queda solo y meditabundo caminando por la fría noche navideña, mientras Plácido y familia emprenden la última parte de su viaje a casa, más a las afueras aún.

5.3.4. El barrio de San Sixto   1h. 19' 19"

El motocarro recorre los arrabales y extrarradios de la ciudad. Cercano a las vías del tren, transita entre pabellones industriales. La amplitud del paisaje, aunque sea de noche, da pie a una mayor desolación. El barrio de San Sixto es el hogar de gentes modestas como Plácido y su familia. El transportista detiene el vehículo junto a su casa y pide a un castañero que le eche un ojo al motocarro mientras descargan. A diferencia del domicilio de Concheta, al que se accede subiendo escaleras, para llegar al hogar de los Alonso hay que bajar una irregular escalera o un terraplén. Mientras descienden, el abuelo pregunta si hay besugo para cenar y Emilia responde que no. Julián canta los manjares que hay en la cesta para "ponerse morados" y sustituir al besugo por el contenido de la cesta. Junto al portal de la casa hay un cartel en parte despegado de la campaña "Cene con un pobre". Paquito quiere una zambomba. La familia penetra en el inmueble.

La secuencia se compone de dos planos. El primero es un general con una gran amplitud y profundidad de campo que nos describe a la perfección el barrio periférico de San Sixto, con sus pabellones y locomotoras de tren. El segundo es un plano de grúa que parte de un contrapicado para acercarse a los personajes que acaban de bajar las escaleras y se disponen a entrar en la casa.

Lejos de los suntuosos pisos de los burgueses del centro, el barrio de San Sixto representa lo que era un extrarradio en los inicios de la década de los sesenta: zona ferroviaria de las afueras con pabellones industriales y un lugar poco esperanzador para vivir. El motocarro se cruza con un camión cargado y el vecino castañero pasa la noche como buenamente puede arrimándose a la lumbre. El cartel de la campaña, semi despegado, nos hace ver que el filme está llegando a su fin. Para mostrar más desgraciados a Plácido y su familia, las escaleras hacen que los personajes tengan que estar más bajos que el propio suelo y que estén en una situación desfavorable frente a cualquier eventualidad. Es otro descenso al infierno de su cotidianeidad.

5.3.5. Nochebuena sin besugo `1h. 20' 15"`

Dentro de la vivienda de los Alonso domina la oscuridad. Emilia enciende la luz que nos permite vislumbrar el modesto salón presidido por una mesa con un mantel de hule. Paquito enciende la radio y se escuchan villancicos. Emilia pide a su hijo que traiga la cuna para la niña pequeña. El abuelo, con su inseparable garrafón de aceite y la cesta con el queso que ha traído del pueblo, insiste en cenar besugo, mientras Julián sigue con la idea de comerse el contenido de la cesta, que está llena, como dice él, de "cosas modernas". Emilia acomoda a la niña en la cuna y Plácido mira la dichosa letra que tantos quebraderos de cabeza les ha dado. El transportista pide a su esposa que prepare la cena y ella se muestra remisa a encender la lumbre, ya que es muy tarde. Julián insiste en comer el contenido de la cesta. Emilia le dice que deje de hablar y recoja las sillas del motocarro, ya que son de las señoras de la campaña. Plácido se queja de que el mes próximo tendrá que pagar otra letra. Él y Julián salen a por las sillas. Mientras Emilia prepara la cena, la niña tose. Se oyen unos gritos del exterior. Es el jefe de Julián, el tendero, reclamando la cesta que, según él, el cojo ha sustraído.

Se trata del octavo y último plano secuencia del filme, que da pie al desenlace de la obra. Dura poco más de un minuto y no requiere de la complejidad técnica de otros planos secuencia anteriores. Se nos describe, casi al final de la cinta, la modesta vivienda de Plácido y su familia. Es una casa muy sencilla, en el extrarradio de la ciudad, con un salón y una cocina económica, una habitación y poco más. Es algo mejor que la de Concheta, pero muestra a las claras, si la comparamos con las casas burguesas que hemos visto con anterioridad, las enormes diferencias sociales que había en una pequeña ciudad de provincias en la España de inicios de los sesenta. La incomunicación entre los personajes persiste. Emilia está harta del largo día y se quiere acostar. El abuelo desea cenar besugo. Julián anhela comerse el contenido de la cesta. Plácido piensa en los problemas que les ha causado la letra y que se van a repetir en un mes. Paquito quiere una zambomba y escuchar villancicos.

5.3.6. En esta tierra ya no hay caridad 1h. 21'32"

En el exterior de la vivienda, junto al motocarro, se monta una refriega entre Plácido y Julián con el jefe de este. El comerciante acusa al hermano del transportista de que le ha robado la cesta y este señala al tendero por no haberle pagado nada por haber distribuido el resto de cestas. Plácido pide a su esposa la cesta, baja las escaleras y Emilia se la da mientras sigue la bronca entre los otros dos hombres. El comerciante acusa a los Alonso de ser una familia de ladrones. El transportista interviene en la bronca al oír eso. Devuelve la cesta al vendedor, que amenaza con denunciarles al día siguiente, porque es Navidad. La bronca va cogiendo cada vez un tono más feo. El comerciante amenaza con dejar a Julián cojo de la otra pierna y este le lanza una piedra. Los hermanos bajan las escaleras de mala manera y se unen a Emilia, quien también insulta al comerciante al que llama imbécil. Desde la casa, Plácido sigue increpando al de las cestas y este sigue amenazando desde su posición. Mientras continua con los insultos, el vendedor se marcha con la cesta. Plácido cierra la ventana. Se oye un triste villancico que dice:

Madre, en la puerta hay un niño,
tiritando está de frío.
Anda y dile que entre,
se calentará,

porque en esta tierra
ya no hay caridad,
ni nunca la habido
ni nunca la habrá.

Escuchamos el villancico mientras vemos alejarse al comerciante. Cuando finaliza, oímos de nuevo el leitmotiv del filme, que da paso al letrero que dice Fin.

Técnicamente la secuencia se compone de cuatro planos. Estamos ante uno de los finales más desoladores de la historia del cine español. Durante la película nos hemos reído mucho, pero el amargor que deja este triste final pone de manifiesto la reflexión que Berlanga nos provoca en el deambular de estos tristes personajes. Es un cierre en que se pone de manifiesto el ya citado arco dramático berlanguiano. En esta película, Plácido trabaja en la campaña con su motocarro y pasa mil penalidades para intentar pagar la letra con gastos antes de que acabe el día. Cuando consigue su objetivo, se da cuenta de que el mes siguiente va a tener que apoquinar de nuevo. Además, arrastra a su familia la noche navideña que es un momento de supuesta felicidad y buenos sentimientos, y finaliza con una bronca que le deja muy mal cuerpo y es un triste colofón a todo lo que ha pasado durante la obra. Plácido es muchas cosas, pero, ante todo, es un modesto trabajador al que ha llamado ladrón el vendedor de las cestas. La injusticia se ceba con la familia, a pesar de los chanchullos de Julián. Cuando se produce la refriega, se ve el letrero de la calle en la que viven: "Calle del Orden". Eso es lo que falta en esa humilde zona y vivienda del periférico barrio de San Sixto.

Por su parte, el mensaje del villancico es muy explícito, sobre todo en sus tres frases finales que son un claro alegato sobre la falta de caridad que se ha ido viendo a lo largo de todo el filme. El final de *Plácido* es tremebundo desde un punto de vista moral. Algo parecido sucedía en *Ladrón de bicicletas*, de Vittorio de Sica: el drama que sufre el protagonista es que su hijo le ve robar una bicicleta y soporta el escarnio a que es sometido cuando es atrapado por los viandantes. En este filme no son asesinados y torturados los protagonistas, como en *Roma ciudad abierta* (*Roma, città aperta*, 1945), de Roberto Rossellini.

El drama moral supera en ocasiones al físico. En la posterior *El verdugo*, el protagonista tiene que matar para seguir adelante. En el final de *Plácido* no se mata a nadie, pero la bronca deja muy mal cuerpo en el espectador y lleva a la familia Alonso a una situación de tristeza difícil de digerir en una noche como la navideña. El motocarro, con la sempiterna estrella de David que tantos quebraderos de cabeza ha dado a Plácido en la película, queda muy presente en el plano final del filme. Mientras el vendedor de cestas se aleja y se adentra en la oscuridad, arranca el villancico con el vehículo presente y da paso, antes del letrero final de la obra, a la música de Asins Arbó con la que finaliza esta peculiar road movie con motocarro por una pequeña y aburrida ciudad española de provincias de inicios de los años sesenta.

6. CONSTRUCCIÓN CINEMATOGRÁFICA. RECURSOS TÉCNICOS, EXPRESIVOS Y NARRATIVOS

6.I. Dirección, planificación y montaje

Plácido es una película creada en torno a la técnica del plano secuencia, que es una estructura narrativa, en el sentido de que articula una unidad de discurso con una de contenido. Se define como un único plano que comprende una secuencia narrativa completa. Ese plano puede ser una toma captada en la fase de rodaje o una composición realizada en postproducción. Lo que le caracteriza no es el proceso de creación audiovisual, sino que, como unidad de montaje comprendida entre dos cortes, alberga dentro de sus límites espaciales (encuadre) y temporales (duración) una unidad narrativa completa, bien una secuencia –una serie de acciones sucesivas que desarrollan un contenido común sin límites espacio-temporales– o bien, más habitualmente, una escena –una unidad narrativa que se produce en un mismo espacio-tiempo; aquellas acciones que se realizan en una misma localización y en estricta continuidad temporal– (Rajas, Hernández Barral y Baños, 2023: 69).

A partir de *Plácido*, las películas de Berlanga estarán jalonadas de largos y complejos planos secuencia por los que transitan sus intérpretes. En varios minutos se desarrollan varias acciones simultáneamente, y hay personajes hablando en primer, segundo y tercer término. La cámara se mueve por los espacios, y la continuidad de la acción se presenta como si de una coreografía se tratara. Luis García Berlanga descubrió en la técnica del plano secuencia un instrumento idóneo para narrar sus historias a través del movimiento continuado de cámara, la coreografía masiva de actores y la puesta en escena en términos de profundidad. En su obra, las tomas largas sirven para ofrecer una visión particular del género de la comedia, al introducir una serie de recursos de montaje interno (la predominancia de planos de duración extendida, encuadres amplios y dinámicos, diálogos simultáneos y solapados, fuertes contrastes compositivos dentro de la imagen o ritmos acelerados de la acción dramática, entre otras soluciones estéticas y narrativas) que le permiten desarrollar en pantalla su particular sentido del humor y llevar a cabo un análisis crítico de la existencia humana y del propio cine. El plano secuencia berlanguiano resulta, de este modo, un medio privilegiado para estilizar la realidad, abstraer lo cotidiano, eternizar el presente, el vehículo cómico preciso para hacernos reír y reflexionar (Rajas, Hernández Barral y Baños, 2023: 65).

En la primera etapa del cine berlanguiano, el plano secuencia comienza a atisbarse, aunque no a desarrollarse, como sucede a partir de *Plácido*. Ya en *Novio a la vista*, tenemos un plano secuencia que dura casi dos minutos, cuando Loli, la joven protagonista de la película, llega de vacaciones a su casa. Sin embargo, los planos secuencia recorrerán los espacios de la filmografía posterior a la película que nos ocupa, y en algunas ocasiones superarán los ocho minutos, como sucede en *Patrimonio nacional*. El plano secuencia (debidamente combinado con el uso de la profundidad de campo que permite al cineasta manejar a veces hasta tres acciones simultáneas) es en Berlanga una forma privilegiada de crear un territorio en el que hacer evolucionar una fauna variopinta encarnada en los "cuerpos gloriosos" de esa magnífica pléyade de actores que forman las fuerzas de choque del cine español (Zunzunegui e Iturregui, 2021: 74-75). Berlanga ha explicado en varias ocasiones lo que supone para él solucionar secuencias complicadas en una sola toma: utiliza esta técnica porque cree posible resolver con ella situaciones de seis o siete actores en localizaciones principalmente interiores. En *Plácido*, la mayor parte de planos secuencia se llevan a cabo en interiores, pero hay uno bastante significativo realizado en exteriores, el de la estación (Castro de Paz y Pérez Perucha, 2005: 181).

La profundidad de campo irá articulando los espacios en que se desarrollan sus planos secuencia, y la coreografía de los elementos presentes en el cuadro será fundamental para ordenar los movimientos de cámara. Y es que Berlanga coloca los personajes en sus largos planos en diversos términos dentro del cuadro. Es frecuente, en las secuencias en que intervienen varios actores, situarlos convenientemente para que aparezcan en plano cuando sea pertinente. Esta técnica del plano largo provoca que prácticamente dos tercios de las escenas de la película, concretamente 23 de 31, consten de tan solo cuatro o menos planos, siendo planos secuencia con algún inserto o escenas concebidas en dos partes. Hay cuatro secuencias, la 2.6, cabalgata, la 2.7, salón principal del casino, la 2.8, estancias del casino, y la 3.3, exterior de casa de Concheta, que bascula entre los seis y los ocho planos. Por último, hay otras cuatro secuencias que muestran un montaje más dinámico y una utilización de muchos más planos que las anteriores. Nos referimos a la 2.19, casa de Marilú, compuesta de diez planos, la 3.2, casa de Concheta, con catorce, y las dos que más se salen de la concepción principal del filme que son la 2.3, estación ferroviaria, con nada menos que veintiún planos, y la 2.9, salón principal del casino, que, con treinta y siete, es la más diferente al resto de la película. En este caso, al tener un escenario y un público, con cantidad de personajes, dentro de la coralidad propia de Berlanga, la planificación pide más la alternancia plano-contraplano.

El empleo del plano secuencia en Berlanga proviene de su admiración por el neorrealismo italiano, movimiento que da a conocer la cotidianeidad por medio de esta técnica que se enfrentaba a las convenciones académicas procedentes del cine clásico hollywoodiense. Paradójicamente, muchos cineastas de los nuevos cines de los sesenta optarán por esta técnica. Sin embargo, estos autores, partidarios de novedosas formas narrativas que intentan superar el talante convencional realista, se alejarán del naturalismo que por medio del plano secuencia plasmaban algunos cineastas neorrealistas como Rossellini, De Santis, De Sica o el mismo Berlanga.

Otro recurso utilizado por Berlanga en varias ocasiones, y siempre a inicio de secuencia, es el plano detalle de algo que supuestamente carece de importancia en un primer momento, y desde el que se abrirá cuadro para describirnos un espacio desde otro punto de vista. Sucede en la secuencia de la casa de los Helguera con el rosario, para luego mostrarnos el retablo de las miserias de burgueses y desfavorecidos en una de las mejores escenas del filme. En el domicilio de la pudiente familia, también se simultanean, en los planos secuencia, dos, tres o cuatro acciones a la vez, caos organizado que es un recurso muy utilizado por Berlanga para movernos por su microcosmos de confusión e incomunicación.

La dirección de actores en *Plácido* entra dentro del caos organizado berlanguiano. El valenciano siempre ha dicho que no dirige mucho a los intérpretes y que improvisa a menudo. Sin embargo, la estrategia para articular los planos largos exige que los actores tengan bien mecanizados los movimientos y el texto para que todo salga adelante de manera coreográfica. En la película que nos ocupa, Berlanga tuvo la suerte de contar con actores de la categoría de José Luis López Vázquez o Manuel Alexandre, y de un gran número de estupendos secundarios del cine español de la época: José Orjas, Julia Caba Alba, Amelia de la Torre, Agustín González, Luis Ciges o Elvira Quintillá, algunos de ellos muy habituales en su cine. En cuanto a Cassen, Berlanga no las tenía todas consigo, al ser este más cómico y showman que actor, pero el resultado de su interpretación es óptimo y es el contrapunto perfecto al genio interpretativo de López Vázquez, uno de los mejores actores de la historia de cine español, en nuestra modesta opinión.

El montaje de *Plácido* es obra de José Antonio Rojo, editor con el que Berlanga solo trabajó en esta ocasión. La edición de la película es bastante ágil a pesar de estar articulada en los ya consabidos y largos planos secuencia. A pesar de ser una película marcada, en lo que a montaje se refiere, por la utilización de cortes, la transición entre los títulos de crédito y la secuencia inicial se lleva a cabo por medio de un fundido a negro. El final del filme, con el dueño de las cestas alejándose de la casa de Plácido, también funde a negro, para dar paso al final de la obra. Dentro de la idiosincrasia del plano secuencia, notamos en algunos casos algún inserto de planos cortos, planos detalle o explicativos para que la historia se comprenda mejor. En ese sentido, Rojo secciona algunos planos secuencia, que se nota que están rodados en continuidad, con breves insertos.

Varios cortes de la película están marcados por la narrativa propuesta por Berlanga. Algunos ejemplos serían el cierre de la puerta de los urinarios públicos, que da paso a la apertura de la entrada de la sucursal bancaria, o la secuencia en que Julián se sienta en la entidad de crédito, que da paso a los indigentes sentados y en cuclillas en la estación ferroviaria. No olvidamos el corte que va de las desastradas piernas del cojo Julián a las de la joven actriz Marilú poniéndose una liga. Las secuencias que van más picadas están editadas con bastante destreza. La del casino, por ejemplo, es de una gran complejidad por la cantidad de planos de que consta y por el importante número de personajes que intervienen. Sin embargo, está muy bien montada y contada, a pesar de ser un ejemplo narrativo de lo contrario a lo que es *Plácido*. La subasta por el niño cantor Paquito Yepes y la actriz Maruja Collado tiene un ritmo endiablado y muestra muy bien el dominio de Rojo de la alternancia plano-contraplano y los insertos de planos generales para dotarnos de una narrativa coherente. También es interesante la transición entre la escena en que Ricardo Guerras, el pobre de los

Galán, habla del frío que han pasado en la estación y la cabalgata, y la del médico auscultando al pobre Pascual en el domicilio de los Helguera. Otra secuencia destacable, a nivel de montaje, es la de la llegada del tren a la ciudad, con un gran dominio del editor del plano-contraplano y de los planos generales que, narrativamente, aportan mucho a la acción. Uno de los pocos deméritos atribuibles a Rojo es un inserto un tanto abrupto del tren llegando, tras verlo aproximarse en profundidad de campo, que podría haberse evitado, ya que en el plano anterior se narraba a la perfección la acción en cuestión.

6.2. Guion

El guion de *Plácido* fue escrito por Luis García Berlanga y Rafael Azcona, con la colaboración de José Luis Colina y José Luis Font, e incluso intervino en una fase del mismo, aunque no esté acreditado, el escritor José Luis Sampedro, como ya se ha comentado anteriormente. Se trata de la segunda colaboración de Berlanga con Rafael Azcona, tras el piloto televisivo *Se vende un tranvía*, dirigido por Juan Estelrich y supervisado por el valenciano. También es la primera ocasión importante que une a estos dos genios del cine español, tras no fructificar varios proyectos de largometraje entre ambos como *El pisito* o *El cochecito*. Berlanga ya quiso adaptar la novela que dio pie a la película que en 1958 dirigirían Marco Ferreri e Isidoro Martínez Ferry. Y también tuvo la posibilidad de abordar el guion basado en el relato breve de Azcona, *Paralítico*, que finalmente evolucionaría a *El cochecito*, y que también dirigiría el realizador italiano. Aparte del citado *Se vende un tranvía* y otros argumentos para televisión que no fructificaron, lo primero que escribieron juntos Berlanga y Azcona fue *Los aficionados*, el guion que veinticinco años más tarde se convirtió en la exitosa *La vaquilla*, así como *Siente un pobre a su mesa*, que fue el germen de la película que nos ocupa. Los guionistas se solían juntar en cafeterías de Madrid como el Café Comercial de la Glorieta de Bilbao. En una de estas reuniones, Berlanga le contó a Azcona la idea de la película, y en un par de sesiones tuvieron preparado un primer argumento del filme (Berlanga, 1994: 5). En estas primeras sinopsis, la trama se centraba más en las peripecias de las damas caritativas de una ciudad castellana de provincias que quieren organizar una campaña navideña para confraternizar con los pobres en las fiestas navideñas, siguiendo una comunicación oficial procedente de Madrid (Berlanga y Azcona, 2017).

Como ya se ha comentado en el apartado relativo a la génesis de *Plácido*, mientras Azcona se encontraba en Italia llevando a cabo un encargo, entraron en el proyecto otros dos guionistas, José Luis Colina y José Luis Font. Ambos escritores tuvieron un papel secundario en la escritura de la obra. Con ellos, Berlanga pasó a limpio todo lo que había hecho previamente con Azcona. A este respecto Berlanga decía lo siguiente: "Con Colina y Font nos reuníamos en mi casa y creábamos directamente situaciones y las escribíamos a máquina y se hacían borradores y Font pasaba todo a máquina en su casa. La última parte la hicimos los tres a máquina" (Berlanga, 1961: 15). A la vuelta de Azcona, ambos retomaron la actividad y, poco a poco, los argumentos fueron evolucionando hacia el guion definitivo que se utilizó en el rodaje, que comenzó en febrero de 1961.

Como versión final, vamos a tener en cuenta la publicada en 1994 por la editorial Alma-Plot, que es una transcripción literal del guion de *Siente un pobre a su mesa*, firmado por Berlanga, Azcona, Colina y Font, basándose en un argumento de Azcona y Berlanga (Azcona, Berlanga, Colina y Font, 1994).

Plasmar en imágenes un guion siempre requiere cambios impuestos por el propio rodaje y, por supuesto, por el montaje de la obra. A esto hay que añadir la acción coercitiva de la censura que tenían que sufrir los directores y guionistas del momento. Centrándonos en la película, hay que decir que el resultado final se ajusta en un 75% a la versión de guion que manejamos. Obviamente, la historia es la misma y el desarrollo del filme también. No obstante, hay algunas novedades significativas en el filme definitivo que nos gustaría apuntar. Dentro de estos cambios, hay muchos aspectos susceptibles de análisis que, en la película, mejoran lo que se apuntaba en el papel.

El guion de *Siente un pobre a su mesa* está dividido en 25 secuencias. En la división que proponemos en esta publicación planteamos 31, basándonos en el montaje final de *Plácido,* que cambia en algunos momentos del metraje respecto al guion, pero que, más o menos, resume el espíritu original planteado en las líneas escritas por los guionistas. Vamos a comentar los cambios más significativos que observamos en la comparativa del filme y el guion.

El personaje de Plácido en la película se apellida Alonso y en el guion González. En ambos casos son dos apellidos muy comunes de España que intentan presentarnos un españolito anónimo con sus problemas cotidianos. En el guion, el transportista se presenta de forma parecida al filme, con la excepción de algunos momentos libidinosos que tiene cuando coincide con las artistas de cine venidas de la capital, recibiendo incluso una bofetada de una de las artistas en la secuencia de la subasta en el casino. En el filme definitivo, a Plácido las actrices le dan igual y no muestra en ningún momento ese comportamiento perverso.

Siguiendo con la familia del transportista, Julián es cojo, pero tiene literalmente una "pata de palo", cosa que no se ve en la película. En esta está lisiado y tiene la pierna tiesa, pero no se ve explícitamente la pata de palo que sí se cita en varias ocasiones en el guion. El resto de la familia de Plácido es parecido. Emilia trabaja, según el guion, en el "quiosco evacuatorio" de la plaza de la ciudad. El abuelo es más gracioso en la película, gracias a la interpretación del socarrón José Álvarez "Lepe". La bebé de la pareja se llama como su madre, Emilita, y Paquito no recibe tantos tortazos y reproches como en el filme.

La secuencia más diferente entre el guion y la película es la de la cabalgata. En el filme, el desfile comienza en la estación ferroviaria y sigue por las calles de la ciudad, mientras que en el guion solo se ve una pequeña parte del centro de la urbe, en que la cabalgata es un auténtico desastre, y aparece como una transición entre las acciones que suceden en la estación y la escena de Julián y el dueño de las cestas navideñas. En la película, a pesar de lo absurdo de las situaciones, propias del humor cotidiano de Berlanga y Azcona, el desfile es seguido de manera masiva por los habitantes de la ciudad y es un éxito de público.

Por su parte, la historia entre el tendero y Julián no comienza en el guion abruptamente, como en la película, sino con una parte en que el cojo explica la campaña a su jefe. Esta parte, omitida en la cinta, no es necesaria para ahondar en todo lo que significará en el desarrollo de la obra el tema de la cesta navideña, que desembocará en dos finales similares, pero resueltos de maneras diferentes.

Lo que sí que es totalmente distinto en la película y el guion es el cruce del desfile con el cortejo fúnebre. En el filme es uno de los momentos más recordados y destacables, ya que supone un encuentro entre la alegría de la cabalgata y la tristeza del deceso y todo lo que conlleva, y con el surrealismo de la situación. En el guion de *Siente un pobre a su mesa*, el cruce entre la cabalgata y la comitiva funeraria se produce en una estrecha bocacalle comercial y no en esa localización inhóspita de las afueras. La duración de la escena en guion es mínima. En el filme, además, da pie a que Plácido vaya a hablar con el que le vendió el motocarro y con la detención del desfile, generando situaciones memorables que no aparecen escritas en el guion original.

Lo que sí que es más exhaustivo en el guion que en la película es la descripción de las personas que van a la estación a recibir a la comitiva y que luego están también en la subasta del casino. Se cita en varias ocasiones a heraldos y maceros municipales, a niños vestidos de pastorcillos cantando villancicos, o a representantes de la Cruz Roja con sus perros de rescate, que no aparecen en la película en ninguna de las ocasiones.

Sí que es común el paripé que hacen en la trasera del motocarro el pobre y el rico compartiendo la cena, llamado, de una forma muy divertida en guion, el "cuadro plástico". También, en filme y guion se pregunta en la estación por Carmen Sevilla, como estrella cinematográfica rutilante del momento, pero en el guion un personaje incluso comenta la posible presencia de Sofía Loren en el evento, cosa que no acaece en el filme.

En lo que concierne a los artistas venidos para la subasta, el actor decadente Francisco Aguilera tiene menos desarrollo de personaje; el galán, llamado en guion Jesús Manizales, tiene minimizada su historia de flirteo con Martita, y no aparece la escena en que esta le cose los pantalones en una sala del casino mientras la busca desesperadamente Quintanilla. Tampoco están presentes en guion el niño cantor Paquito Yepes y la artista flamenca, en ese guiño a Joselito y a *Bienvenido Míster Marshall*.

Son interesantes en el guion las acotaciones que se hacen al respecto de las viviendas burguesas. Si bien en la película no hay gran diferencia entre la casa de los Galán y la de los Helguera, en el guion, la primera se describe como muy lujosa, y la segunda como un "quiero y no puedo". La doncella de los Galán llama equivocadamente a los Helguera los "Galguera", cosa que no aparece en la película. También hay una variación en el filme, respecto al texto original, que es que Don Matías, el cabeza de familia de los Helguera, es el compendio de este mismo personaje y el de un abuelo gruñón octogenario, que desaparece en la película, y las frases de ambos personajes las asume el cabeza de familia. Muy ilustrativa es también la exhaustiva descripción que se hace del moderno apartamento de Marilú y que tan bien aparece reflejado en el filme, aunque la secuencia que se desarrolla en la casa de la joven actriz no comienza con las piernas de la misma poniéndose la liga que le ha regalado su amante, como sucede en la película, y este no se llama Ramiro sino Jacinto.

En lo que concierne a las viviendas de los pobres, la casa de Concheta no aparece en guion; llevan al muerto y, de forma elíptica, lo dejan en su domicilio y ya está. No existe, por tanto, la comicidad que supone en la película la cuestión del cuartel militar anejo a la casa de Concheta. Por su parte, la familia de Plácido vive en un barrio del extrarradio, pero en los nuevos bloques de protección oficial de ladrillo, todos iguales, y no en la casa que se describe en el filme. El interior de la vivienda tampoco es descrito en el guion.

La muerte de Pascual es parecida en guion y película, exceptuando el detalle de que el indigente está tendido en una cama y no sentado en un butacón. Sin embargo, el personaje del pobre del dentista, que en el guion se llama Alfonso, tiene algo más de humanidad, ya que, aunque es igual de maltratado por el odontólogo y sus hermanas solteronas, ayuda en algunos momentos desinteresadamente al facultativo. En el filme, el personaje, encarnado por Luis Ciges, solo se preocupa por comer, ya sea en la casa de Don Poli o en la de los Helguera, y no muestra ninguna solidaridad con el asunto de Pascual. También es diferente el pobre asignado al notario, que en guion es un anciano que canta borracho al principio de la secuencia, y en la película es un hombre de mediana edad que adquiere mucho protagonismo a lo largo de la secuencia del pago de la letra, con sus interrupciones e interpretaciones de canciones populares totalmente ebrio.

Hay también en el guion algunos comentarios de los guionistas respecto a la descripción de mujeres que no dejan indiferentes a los lectores actuales y que ponen de manifiesto la misoginia de que hacía gala Berlanga, y seguramente Azcona, y que pensamos que es necesario citar. En la descripción de la actriz Erika, en guion se dice que debe tener "una espetera fenomenal y una grupa de yegua" (Azcona, Berlanga, Colina y Font, 1994: 77). Es una desafortunada comparación entre una chica y un animal, pero no es la única, ya que la hija de los Helguera, Maruja, es descrita como una "cuarentona jamona" (ibid..: 108).

Es llamativa también la fidelidad, en un 75% de los casos, de los diálogos originales del guion en boca de los actores. Los de algunos personajes como el notario son muy fieles y apenas tienen cambios. Este hecho habla muy bien del actor que encarna el personaje, José Orjas, que clava el texto como intérprete que, aunque lo repitiera mil veces, siempre lo hacía igual, al contrario que Manuel Alexandre, que es de esos secundarios geniales que cambian matices del texto en las diferentes tomas. Un ejemplo es la inclusión de "morcillas", como el ofrecimiento de tabaco emboquillado al empleado de la sucursal en la secuencia del banco. Alexandre formaba parte de lo que Berlanga denominaba "actores de tripa".

Acabamos este apartado hablando del final del filme, que es uno de los más desoladores y certeros de la historia del cine español. Gran parte de su potencia se acentúa con el villancico que escuchamos mientras el tendero se aleja de la casa de Plácido. En el guion, en lugar del villancico, aparece el también tema navideño "Adeste Fideles", que, aunque es un canto al amor y a la solidaridad, no refleja la desolación y la falta de caridad del villancico. La ironía de introducir este tema en guion es interesante, pero el villancico es mucho más efectivo para el corrosivo mensaje del filme. En el guion, tras la bronca con el tendero, nos olvidamos de este, mientras la familia de Plácido entra en casa, y la cámara se queda con el motocarro y su sempiterna estrella de David. Tampoco era mala opción esta, aunque nos gusta más la que Berlanga llevó a cabo finalmente en el filme.

6.3. Fotografía

La dirección de fotografía de *Plácido* es uno de los grandes aciertos de la película. Llevada a cabo en blanco y negro por Francisco Sempere, se articula en torno a varios ejes. Al ser un filme concebido en torno a la técnica del plano secuencia, los espacios que aparecen en cuadro están muy bien definidos y, en cuanto la cámara comienza a moverse, ya sabemos el tamaño de las localizaciones donde está filmada la película. En las secuencias de interior, sobre todo en las desarrolladas en las casas burguesas, la cámara suele partir de un elemento concreto que, tras abrir cuadro, nos define a un grupo de personajes y, a medida que se va moviendo, nos va llevando a otros grupos, y el grupo anterior queda en segundo término. Sucede, por ejemplo, en la secuencia de la casa de los Helguera, en que la cámara parte del rosario que rezan las señoras de Helguera y Galán, y cuando abrimos plano empezamos a descubrir el microcosmos y la cantidad de personajes que jalonan la escena. A veces, la complejidad de los movimientos por el decorado provoca que tengamos en plano dos, tres o cuatro acciones simultáneas. En ocasiones, transitamos de un lado a otro con personajes que nos van cambiando de lugar. En las secuencias de exterior se juega con la profundidad de campo de espacios tan concretos como la estación ferroviaria, el desolado barrio de San Sixto en la parte final del filme, o el encuentro con el cortejo fúnebre. Para remarcar el concepto de incomunicación que quiere trasladar el filme, la sensación de agobio en el espectador se acentúa con los encuadres cerrados, incluso en las casas de los burgueses, que predominan a lo largo del metraje de la película: pasar de una habitación a otra es complejo por la cantidad de gente y objetos que obstaculizan el movimiento de la cámara. Si esa sensación de agobio la logra Sempere en los espacios amplios, en los interiores se acentúa más, como vemos en el escenario de la subasta de los famosos, lleno de elementos de atrezo y personajes, o en las viviendas humildes, por las que es difícil dar un paso por la estrechez de las localizaciones. Algo similar sucede, acentuado, en las escenas desarrolladas en los váteres públicos.

Al respecto del rodaje de *Plácido*, Sempere decía lo siguiente:

> Para rodar estos planos secuencia, en donde luego no se puede cortar ni intercalar nada, hay que saber mucho cine; saber muy bien lo que se quiere; marcar va en el rodaje el ritmo de la interpretación y del movimiento de los actores. En una palabra, hay que poseer un completo dominio de todos los factores que entran en juego y tener una intención. En cuanto al método de trabajo, empezábamos por ensayar mucho, con la grúa, actores, luces. A las dos de la tarde estábamos en el plató y se iniciaban los ensayos. Unas cuatro horas después, hacía las seis, empezábamos a rodar. (Sánchez Biosca, 1989: 79).

La utilización de la luz también es paradigmática en la propuesta fotográfica del filme. El aprovechamiento lumínico natural es muy interesante en las secuencias diurnas, aunque la noche llega enseguida y gran parte de la historia transcurre, en lo que a exteriores se refiere, en penumbra y oscuridad. Comenzando por las secuencias de día, la de la cabalgata es muy interesante por el empleo de la luz natural. La escena en que parte la comitiva junto al río nos muestra una ciudad iluminada con resol y neblina, con un excelente uso de la profundidad de campo y un difuminado de los fondos que se asemejan mucho a la técnica del transfoco utilizada actualmente. Fondos más iluminados aparecen en la secuencia en que la cabalgata recorre el centro de la ciudad, que hacen dudar, en un segundo visionado, de la utilización de croma o retroproyección, cosa que no sucede. Aquí, la luz juega un papel más importante, siendo este el momento más luminoso de esta negra película.

Cuando llega la noche, la película se torna francamente oscura y va más acorde a lo que sucede en la misma. La sombra del motocarro está presente en la secuencia en que la familia abandona los urinarios públicos. Los juegos de luces y sombras jalonan la noche de la pequeña ciudad provinciana. Los interiores de las casas pudientes están muy bien iluminados, pero hay concesiones a los claroscuros y a la penumbra en algunas secuencias, como la que comienza en el oscuro patio de luces en que se comunican la señora Helguera y la hermana del dentista, o la de las escaleras del mismo edificio en que se apaga la luz y quedan todos en la negritud absoluta. Esta oscuridad también predomina en el plano final del filme en que el vendedor de las cestas navideñas abandona el domicilio de Plácido y desaparece en profundidad de campo. El fundido a negro final acentúa el desenlace oscuro del filme.

La utilización de maquinaria adecuada es condición indispensable para llevar a cabo los planos secuencia. Berlanga los concibe con la utilización de grúas y travelling en exteriores, y la de dolly cams, sobre todo en interiores. Otro recurso que se utiliza mucho referido a los movimientos de cámara es la articulación de paneos y travelling dependiendo de a dónde nos lleve el plano secuencia. Es frecuente partir de una posición de cámara concreta, abrir cuadro mediante un movimiento de cámara que puede ser un travelling de aproximación o retroceso, llegar a una segunda posición fija de cámara y luego, dependiendo de si hay corte o no, volver en varios casos a la posición inicial de cámara y cerrar de esa manera el plano. Lo que está claro es que la articulación del plano secuencia exige movimientos de cámara y, si bien estos no son bruscos, van adaptándose a las necesidades que muestran los planos, aunque, en muchas ocasiones, al interesar las acciones de profundidad de campo, el empleo de cámara fija queda bastante justificado.

6.4. Música y sonido

Ciertamente, Berlanga nunca ha mostrado un gran interés por la música en sus obras cinematográficas. De hecho, a medida que ha avanzado su filmografía, esta disciplina ha ocupado menos espacio en sus filmes. La banda sonora de *Plácido* es obra de Miguel Asins Arbó, con quien repetirá Berlanga en sus dos películas posteriores *La muerte y el leñador* y *El verdugo*, y en la lejana en el tiempo *La vaquilla*. En nuestra modesta opinión, la banda sonora del filme que nos ocupa es prácticamente inexistente. El fondo sonoro que crea el compositor para esta película es una música de banda, circense, popular, con toques agridulces y esperpénticos, que recuerda el tono de las bandas sonoras de muchas de las películas del neorrealismo italiano, con el que el cine de Berlanga de estos momentos tiene muchos puntos en común. En alguna medida, remite a las partituras de Nino Rota para algunas de las obras de Fellini, evocando quizás, fundamentalmente, las de *La strada* (1954) y *Las noches de Cabiria* (*Le notti di Cabiria*, 1957). La música que Asins Arbó compone para *Plácido* es una especie de foxtrot, precisamente el tipo de composición más frecuente que amenizaba las verbenas de los pueblos en esos años. Para algunos, es una pieza divertida a la vez que triste, ya que destila esperanza y alegría tras un fondo melancólico e irónico (Loma, 2011: 7).

Tan solo hay un tema compuesto por Asins Arbó, que escuchamos en los títulos de crédito y que se repetirá a modo de leitmotiv en diversos pasajes del filme (como ya hemos citado en la parte analítica de la película). Es un tema muy pegadizo estructurado en dos partes, con una introducción y una coda, que nos crea una expectación ambiental inicial contrastante con la temática y la profundidad de la obra, y que se rompe con el final de los créditos y el comienzo del filme, con la megafonía del motocarro sonando a todo volumen. El tema en cuestión se repite a lo largo de la película en cuatro ocasiones, y aparece en todas ellas, exceptuando la última, en tránsitos del motocarro por la ciudad provinciana. La primera vez que escuchamos esta música incidental es en la secuencia en que la familia abandona los urinarios públicos en el vehículo. La segunda ocasión se produce cuando trasladan al finado Pascual a su casa en el motocarro. La tercera nos describe la llegada de la familia Alonso al barrio de San Sixto, casi al final de la película, y la cuarta y última, a modo de epílogo, nos muestra al vendedor de cestas navideñas abandonando la casa de Plácido. Al fundir a negro tras el fin, la música funciona de una manera simétrica en el filme, abriendo la película y terminándola.

Aparte del tema único de Asins Arbó, que funciona de manera extradiegética, el resto de la música que aparece en *Plácido* lo hace de forma diegética, y la mayor parte de los temas que escuchamos, al ser una película ambientada en la Navidad, son villancicos interpretados, de mejor o peor manera, por algunos de los personajes del filme. En seis ocasiones, siete si contamos el villancico extradiegético del final de la película, oímos canciones populares navideñas. En la secuencia 2.12, Paquito, el hijo de Plácido y Emilia, canta, de aquella manera, la primera estrofa de *La marimorena*, mientras retira el belén del lavabo de los váteres públicos. En la secuencia 2.14, en el domicilio de los Helguera, suena en la radio *Pastores venid*, pero enseguida se apaga el aparato por la situación de Pascual y la inminente llegada de los Galán. En la secuencia 2.15, en el domicilio de don Poli, el odontólogo, mientras este cena y departe con el indigente que les ha correspondido, sus hermanas solteronas destrozan con la ayuda del piano *Campana sobre campana*. En la secuencia 2.19, en la casa de Marilú, esta canta desganada en el inicio de la escena la primera estrofa de *Los peces en el río*. En la secuencia 3.1, cuando Plácido consigue pagar la letra, el pobre del notario interpreta, totalmente ebrio, otra parte de *La marimorena*, y completa su "exhibición" cantando un fragmento de una jota popular, así como otros temas que no son navideños, como *El tumbaíto*, de Antonio Machín, y, en dos ocasiones, el estribillo de *Ay mamá Inés*, de Eliseo Grenet. En la secuencia 3.5, cuando la familia Alonso llega por fin a su casa, Paquito enciende la radio y suena de nuevo *Pastores venid*. El último villancico que escuchamos es extradiegético y es el tema que se oye tras la bronca entre el vendedor de cestas y la familia Alonso, previo a la escucha del leitmotiv del filme. Al contrario que el resto de canciones navideñas que se escuchan hasta este momento y que son, en cierto modo, alegres y animadas, se trata de otro villancico popular, no tan conocido como los precedentes, titulado *Madre en la puerta hay un niño*, que es mucho más triste que los anteriores y con un mensaje muy certero sobre la falta de caridad que predomina en la película.

Aparte de los villancicos citados, hay algunos otros momentos del filme que cuentan con música diegética, como son todas las secuencias de la cabalgata, en que escuchamos a la banda de música interpretar alegres temas. La presencia de este tipo de bandas es una constante en el cine berlanguiano anterior y posterior. Llama la atención el momento en que la banda y el resto de la cabalgata se cruza con la comitiva fúnebre, creando un nexo entre la alegría mediterránea musical típica de Berlanga y la muerte. Por último, dentro de la subasta del casino, hay un número flamenco con bailaora y niño cantor que nos recuerdan, en parte, a *Bienvenido Mister Marshall* y a Joselito, pero que queda en un segundo plano, pues la acción que nos importa es la búsqueda de Martita por parte de Quintanilla.

Como conclusión al análisis de la banda sonora de *Plácido*, podemos afirmar que la mayor parte de la música de la película es diegética realista, al igual que en *Las cuatro verdades* y *El verdugo*, buscando con la misma un efecto de paisaje sonoro que contribuya a crear sus particulares situaciones. Además, los ritmos ligeros del leitmotiv de Asins Arbó y la alegría de los villancicos dan un contrapunto al dramatismo de las situaciones narradas en la obra.

En lo que respecta al sonido, Berlanga ha declarado en varias ocasiones que odia el sonido directo, porque su instinto de mixtificador le incita a manipular la realidad (Hernández Les e Hidalgo, 1981: 23). Al valenciano le gusta recrear la película otra vez en el doblaje y poder hacer que un personaje diga algo que no haya dicho en el rodaje (Hernández Les e Hidalgo, 2021: 120). En *Plácido*, con la cantidad de personajes que hablan a la vez y las situaciones simultáneas que jalonan los planos secuencia, el doblaje fue una solución a muchos de los problemas que surgieron al filmar esta compleja película.

El responsable del sonido en la película fue Felipe Fernández, y el sistema utilizado fue el Westrex, habitual en el cine mundial desde su creación en 1930. La película, como las de la época y todas las de Berlanga hasta *La vaquilla*, está doblada. La obra cuenta con algunos aspectos destacables en lo que a sonido se refiere. El comienzo de la película, con la voz de Quintanilla soltando consignas de la campaña caritativa por los altavoces del motocarro, es uno de los momentos más recordados del filme. En la secuencia de la estación ferroviaria, se transmite muy bien la sensación de frío de los personajes por el conseguido silbido del viento. Los sonidos de los animales están muy bien conseguidos, como observamos en la casa de Don Poli, el dentista, que tiene un perro y varios pájaros, o en la escena en que Julián tiene una refriega con un chucho callejero. Otros ruidos significativos que merece la pena mencionar son el descorche de la botella de champán en off del amante de Marilú, que marca el desarrollo del final de la escena, o el chirrido de la mal engrasada puerta de la modesta vivienda de Concheta. Por último, hay que destacar el ambiente místico y sobrenatural que se construye en torno a la misa del Gallo que se celebra junto a la casa de Concheta y Pascual en la escena en que Quintanilla y Plácido depositan en la vivienda el cuerpo de este último. La música celestial, casi de ultratumba, dota de un significado cercano a lo sobrenatural a uno de los momentos más destacados de la película.

6.5. Dirección artística y espacios del filme

Uno de los temas susceptibles de análisis de *Plácido* del que menos se ha hablado es la dirección de arte. El director artístico fue Andrés Vallvé, un escenógrafo barcelonés con mucha experiencia en el campo teatral y que trabajaría con Berlanga, además de en *Plácido*, en su siguiente filme, el sketch integrante del filme colectivo *Las cuatro verdades* titulado *La muerte y el leñador*. Al ser filmada la obra en Manresa y en los estudios Orphea de la Ciudad Condal, se buscó un equipo técnico catalán, y aquí Vallvé entró como anillo al dedo a la producción. El hecho de que Berlanga se lo llevara a Madrid para filmar el citado episodio de *Las cuatro verdades* habla mucho de lo contento que tuvo que acabar el valenciano con el escenógrafo y su participación en *Plácido*. Antes de intervenir en la película que nos ocupa, Vallvé trabajó en cine en algunas películas de Ignacio F. Iquino. Posteriormente, compaginó trabajo en Barcelona y Madrid participando en filmes comerciales, así como en algunas obras del Nuevo Cine Español o de la Escuela de Barcelona, como *Young Sánchez* (1964), de Mario Camus, o *Dante no es únicamente severo* (1967), de Jacinto Esteva, siendo también muy frecuente su concurso en múltiples spaghetti-western almerienses como *Cinco pistolas de Texas* (1966), de Juan Xiol e Ignacio F. Iquino.

Al ser una película ambientada en Navidad, casi todo el atrezo de los espacios susceptibles de análisis del filme está relacionado con la parafernalia relativa a tan señaladas fechas. El motocarro de Plácido ya aparece en la secuencia inicial como manifiesto de intenciones de la película. La gran estrella de David que corona el vehículo ha convertido al motocarro en un icono inconfundible de nuestro cine. Más decoración navideña se deja ver en los diferentes espacios interiores y exteriores por los que transita la narración: calles, viviendas, casino, los mismos váteres públicos donde Paquito tiene colocado un nacimiento en uno de los lavabos…

Al margen de los motivos navideños, la dirección artística de la cinta bascula en torno a las viviendas, y en el filme se describen casas de burgueses (la de los Galán, la de los Helguera, la del notario y, en menor medida, el pisito de Marilú) y en contraposición se muestran viviendas de los desfavorecidos (Concheta y Plácido). La diferencia en la descripción ambiental de ambos grupos es enorme. Hay otros espacios bien definidos y relacionados con la burguesía (banco, notaría, casino), que se contraponen a otras localizaciones más humildes, como los retretes públicos donde trabaja Emilia, que tienen más que ver con la parte de los pobres.

En lo que concierne a las casas burguesas, en la película aparecen representadas dos muy significativas: la de los Galán, familia pudiente de toda la vida, y la de los Helguera, con pasado republicano pero adaptados perfectamente a la nueva situación. En ambos casos los comedores son lujosos, y las mesas están repletas de viandas servidas en buenas vajillas, complementadas por una buena cubertería. Los salones están llenos de objetos decorativos que denotan dinero: cuadros, jarrones, esculturas, espejos… Son casas antiguas de techos altos en ambos casos. El domicilio del notario cuenta con la particularidad de que está contiguo a la notaría, a la que se accede por una puerta de dos hojas. La vivienda del dentista, vecino de los Helguera, también denota una posición acomodada. Incluso el apartamento de la actriz Marilú, aunque es más pequeño, está concebido con gusto por el director artístico de la película. Por supuesto, todas las viviendas están decoradas con motivos navideños, como no podía ser de otra manera.

Como contrapunto a las moradas burguesas, las viviendas de los pobres son justo lo contrario. La casa de Concheta es una estancia minúscula con una diminuta sala y una habitación contigua que se comunica por una extraña ventana interior. La de la familia de Plácido es algo más digna, ya que tiene un amplio espacio central dominado por el salón, pero sin casi separación de estancias, lo que denota también una situación económica precaria. Ambas viviendas están situadas en los extrarradios de la ciudad, con accesos complicados por escaleras que hay que subir, en el caso de Concheta, o bajar, en lo que respecta a la familia Alonso.

Es muy interesante la puesta en escena planteada para el casino, lleno de guirnaldas y objetos relativos a la Navidad y con un escenario francamente kitsch decorado con "ollas Cocinex", empresa patrocinadora del evento. Una retahíla de ollas jalona el escenario, y una enorme de cartón piedra ocupa, con gran protagonismo, la parte izquierda del mismo. El casino suele ser un espacio muy relacionado con los eventos festivos principales de las ciudades de provincias. Aparte del salón principal, se nos describen otras dependencias en la secuencia en que Quintanilla busca a su novia.

El espacio público también se representa en la película por medio de diferentes lugares de esta índole. Relacionados con la administración, se nos muestran la sucursal bancaria o la notaría, reflejo de la seriedad y la burocracia, ya que Plácido nunca encuentra empatía cuando accede a estos lugares. La estación ferroviaria, con toda la parafernalia que rodea a la llegada de los artistas de cine, es un espacio que une la ciudad de provincias, anclada en su propia mediocridad, y la capital, símbolo del progreso que tanto tarda en llegar a las pequeñas urbes. Un detalle propio del anquilosamiento de las villas provincianas y su dependencia eclesiástica es un cartel que vemos en la estación (que seguramente es real) que dice: "En la España nueva no se blasfema". Como espacio público también podemos considerar los váteres en que trabaja Emilia, que están ubicados en el centro de la ciudad y en los cuales la familia hace "vida cotidiana", de alguna manera: la mujer cuida a su bebé, Julián se afeita utilizando los lavabos y Paquito los utiliza como espacio lúdico. Literalmente, los desfavorecidos del filme, Plácido y su familia, están al servicio de los burgueses y limpian sus deposiciones.

7. INTERPRETACIONES EN TORNO A *PLÁCIDO*

7.I. Incomunicación

Plácido es una película sobre la incomunicación. En ninguna de las obras anteriores de Berlanga se contemplaba a tantos personajes deambulando por la pantalla y yendo de un sitio a otro, hablando todos a la vez y sin escucharse. No es una incomunicación fundamentada en el silencio, como sucede en el cine de Antonioni, sino dando la vuelta a la situación dentro de los complejos movimientos de los planos secuencia, con personajes hablando en primer término, en segundo o en tercero, en algunos casos. Esta incomunicación será una de las señas de identidad del cine posterior de Berlanga, fácilmente reconocible en películas construidas de forma similar a *Plácido*, como *La escopeta nacional* o *Todos a la cárcel*. En ambas, como en el filme que nos ocupa, hay una campaña o evento organizado como detonante de la trama, y un personaje que funciona como falso hilo conductor y que nos muestra la desesperanzadora incomunicación entre los seres humanos que pueblan las obras cinematográficas de Berlanga.

El tema de la incomunicación de *Plácido* ya fue advertido por los críticos desde un primer momento, a pesar de que algunas voces comentaban que la temática más importante de la película era la crítica a la falsa caridad. De ese modo, Juan Cobos (1961: 21) ya advertía que la clave del filme era la incomunicación humana, sin perder de vista el medio social de sus personajes. Por su parte, Víctor Erice, años más tarde, apuntaba que la incomunicabilidad de la que hablaba *Plácido* no se ceñía a la clase social sino a los individuos, ya que, si las personan no se comunican es porque hablan diez al mismo tiempo y no se entienden. Además, el director de *El sur* (1983) comentaba que en Azcona, Ferreri y Berlanga se partía de la incomunicación como algo abstracto, sin demostrar, de raíces exclusivamente subjetivas, y se pretendía apoyar en una situación más o menos realista, siendo la incomunicación entre pobres y ricos, antes que nada, un problema de desigualdad económica (Aranzubia y Nieto, 2021: 90-91). Está claro que en esta película cada personaje tiene un objetivo, y hará lo posible por conseguirlo no utilizando la comunicación con el prójimo, precisamente. Plácido desea pagar la letra del motocarro y cenar en Navidad con su familia, pero se encuentra con una sociedad burguesa, encabezada por Quintanilla, que no le escucha. El mismo Quintanilla desea que la campaña caritativa sea un éxito y pasará por encima de todos los problemas que aparezcan, incluida la muerte del indigente Pascual, para que así sea. Las familias pudientes, que acogen pobres en sus casas, quieren que la noche pase lo antes posible, y los Helguera harán todo lo necesario para deshacerse del muerto que ha fallecido en su casa. Es una incomunicación muy insolidaria, no una incomunicación de aislamiento que no interactúa con otras personas, sino una incomunicación que salta por encima de la gente. Ángel Fernández Santos lo decía muy claro en su revisión de la película de 1976: "En *Plácido* nadie hace caso a nadie; nadie oye a nadie; nadie habla con nadie. Y todo el mundo aparenta hacerse caso, oírse, hablarse" (ibid.: 97).

Plácido es una película llena de personajes que se cruzan y se rozan sin apenas entenderse, no solo porque pertenecen a distintos estratos sociales (lo que sería políticamente correcto), sino porque la lucha por la vida, por encontrar un hueco vital en un mundo insolidario afecta por igual a pobres y a ricos (Zunzunegui e Iturregui, 2021: 74). Al respecto de este tema, también se ha pronunciado Berlanga en algunas de las entrevistas que le han hecho a lo largo de su carrera, comentando que en la película la incomunicación existe claramente. Querer tapar esa incomunicación con una caridad externa es inútil. El director del filme piensa que la incomunicación es una enfermedad del hombre y por lo tanto su solución debe ser médica. *Plácido* viene a decir que cada uno, pobre o rico, va a lo suyo, que abandona a los demás en el momento justo en que debe abandonarlos, es decir, cuando los otros más lo necesitan (Berlanga, 1961: 17).

7.2. La mediocridad de la pequeña ciudad provinciana

Otro de los grandes temas de *Plácido*, y constante inequívoca del cine de Berlanga, es el reflejo de la España de la época. Por medio de él, se puede estudiar a la perfección la historia del país en la segunda mitad del siglo XX. Su primera película, *Esa pareja feliz*, es de 1951, y la última, *El sueño de la maestra*, de 2002. Algunos largometrajes de Berlanga están ambientados en la gran ciudad, otros en el medio rural y otros, como sucede en *Plácido*, en una pequeña ciudad de provincias, como microcosmos social de la sociedad española franquista de comienzos de los sesenta, pero que muestra los males endémicos que este tipo de urbes plantean en la historia española desde el siglo XIX. Los dos únicos filmes de Berlanga que no son contemporáneos al momento en que están rodados son *Novio a la vista*, de 1953, ambientado a finales de la década de los diez, y *La vaquilla*, de 1985, ubicado en la Guerra Civil española. *La escopeta nacional* es de 1978, pero se localizaría cuatro años antes aproximadamente, poco antes de fallecer Franco. El resto de los filmes del valenciano reflejan y se ambientan en el momento histórico en que están realizados.

Plácido se ubica en una pequeña ciudad española de provincias de la que no se dice el nombre. Algo similar sucedía en el filme de Juan Antonio Bardem *Calle Mayor*, realizado tan solo cinco años antes. En el caso de esta película, la voz en off del comienzo nos ubicaba en otra pequeña capital de interior de un país cualquiera, pero posteriormente nos damos cuenta de que la urbe provinciana es una de las muchas ciudades paradas en el tiempo de la España profunda franquista de los años cincuenta. Pocas diferencias hay entre la ciudad de *Plácido* y la de *Calle Mayor*. En ambas hay presencia de lo religioso y lo castrense, y también una preponderancia de la burguesía acomodada y las profesiones liberales, y del vacío absoluto, la hipocresía y el aburrimiento de estas. En *Plácido*, el vitriolo del guion va dirigido contra la hipocresía social más que contra la Iglesia. Su caricatura de ese catolicismo sociológico y de puras apariencias dibujó a la perfección la vivencia religiosa de millones de españoles durante la dictadura (Villena, 2021: 136).

Zunzunegui e Iturregui definen a la perfección el microcosmos social de la película. *Plácido* contiene un boceto impagable de la sociedad franquista: el militar (con evidente tendencia a los métodos expeditivos ante la contumacia de los pobres); el funcionario (ese registrador de la propiedad que combina su fe de carbonero en el Aranzadi como vademécum vital con la debida atención a los nuevos inventos médicos ejemplificados en ese respirador de último modelo); el pequeño empresario ("Quintanilla, el de las serrerías"); la entretenida (que tiene, por supuesto, su correspondiente carné de artista); los profesionales (ese dentista que convive con dos hermanas de aspecto perruno y un can al que han implantado una prótesis); la empingorotada señora que reina sobre las beatas locales; la novia pacata que aspira a casarse con el heredero de las serrerías, pero no le hace ascos a coquetear con el galán cinematográfico… (Zunzunegui e Iturregui, 2021: 75). Este mediocre microcosmos social también aparecía en *Calle Mayor*: la hija solterona y beata del militar, el empleado de banca aburrido de su mediocre vida, el previsible director del periódico local, los pequeños empresarios que engañan a sus esposas, el cronista oficial de la villa, los seminaristas paseando por la alameda, las siniestras y marciales procesiones, la exagerada presencia castrense… En ambos casos, se trata de esa España externa heredera del país que pasa de imperio a nación en el siglo XIX y que entra en la nostalgia regeneracionista de Joaquín Costa y Lucas Mallada.

Y es que la ciudad provinciana imaginaria de *Plácido* remite al concepto de *ciudad levítica* que varios historiadores ya han empleado, y que ha sido representada repetidas veces en literatura y cine desde el último cuarto del siglo XIX hasta la llegada de la industrialización y el desarrollismo de los años sesenta en el siglo XX (Rivera Blanco, 1992). *La ciudad levítica* es un pequeño núcleo urbano enclavado en el ámbito rural con una economía claramente orientada al sector servicios. Como ciudad administrativa, cumple una función esencial de cara a su área de influencia, pero carece de las condiciones necesarias para desarrollarse desde el punto de vista de una modernización coherente (Langa Laorga 1994: 168). El horizonte cultural e ideológico no evoluciona. Las formas de vida, tampoco. Este tipo de ciudad tendrá una organización bicéfala. Sobre una base social formada por clases populares muy débiles sobre las que se sitúan unas clases medias igualmente desprovistas de sentido de la modernidad y sin proyectos de cambio, dominarán dos grupos sociales: nobleza local y clero (ibid.: 169). En el caso de la ciudad levítica franquista, la nobleza local se complementa en su gran mayoría con la pequeña burguesía y los profesionales liberales, que son quienes acogen en sus casas a los pobres de la campaña *Cene con un pobre*.

En la ciudad provinciana de *Plácido*, hay espacios claramente identificables con este tipo de urbe. La estación de tren a la que llegan los artistas es el nexo entre la remota y aislada villa y la capital del país. Los cómicos de segunda que arriban a la cabalgata se quejan de que están en una urbe de poco tronío. Ellos, que han estado en las "mejores plazas", han llegado en el tren, que también puede funcionar como el medio de transporte para huir de la mediocridad y la hipocresía del microcosmos local y salir al mundo, al exterior, como sucede en *Calle Mayor*. Otro espacio interesante del filme es el casino, donde se desarrolla la subasta y donde se tendría que llevar a cabo el baile en la película de Bardem. Los espacios privados también aparecen en *Plácido* ejemplificados en las viviendas de los burgueses, que son casas de techos altos, con muchas dependencias y criadas con cofia. Algo similar sucede con los espacios laborales de los integrantes de las profesiones liberales como los notarios o los dentistas. Todo ello contrasta con las viviendas de los pobres, la humilde morada de Concheta, los urinarios en que trabaja la esposa de *Plácido*, los arrabales donde moran los más desfavorecidos.

La adscripción ideológica a un regeneracionismo sui generis sustentado en una ideología comunista, e incluso falangista, originaba un revisionismo de las primeras películas de Berlanga, que planteaban problemas extrapolables a la situación de la nación. Se podía comparar la España de la posguerra y los cincuenta con la del último cuarto del siglo XIX. El regeneracionismo como ideología proviene de esta cronología. España camina a la deriva hasta el desastre del 98. La literatura del momento nos muestra la decrepitud del sistema, el paso de imperio a nación y la decadencia de las glorias del pasado. En el mundo de las artes, mientras en Francia florecen las vanguardias y surge el impresionismo, en España se desarrolla la pintura de historia que recuerda las grandes gestas pretéritas con cuadros rimbombantes a más no poder. Sustentado en este tipo de revisión histórica a través del arte y en un tipo de literatura similar, en los años cuarenta surge el cine historicista. España está en una situación económica de subsistencia y de autoabastecimiento tras la contienda civil. Franco quiere recordar lo glorioso que fue el país en el pasado y reivindicar que puede volver a serlo.

La comparación entre las últimas décadas del siglo XIX y las primeras del franquismo en el siglo XX, hasta la llegada del desarrollismo de los sesenta, se ve claramente en una de las obras maestras de la literatura española de fines del XIX, *La Regenta*, de Leopoldo Alas "Clarín", que puede tener reflejo en la película que nos ocupa. La ciudad de la novela se llama Vetusta, trasunto de Oviedo, que ya con ese nombre y con la primera frase de la obra, "La heroica ciudad dormía la siesta", nos da a entender que la villa en cuestión cuenta con un pasado glorioso, pero que se ha quedado rancia y atrasada respecto al mundo, si nos atenemos a su significado. Y es que la legendaria urbe se ha quedado traspuesta y dormida y no ha avanzado como debería. A la ciudad cualquiera de *Plácido* le pasa algo similar. La campaña caritativa rompe en parte con la exasperante cotidianeidad de la aburrida localidad. El comienzo del filme es paradigmático. El motocarro de Plácido recorre las calles y la voz de Quintanilla anuncia la campaña diciendo varias veces: "Que por una noche…". El resto de las noches harán que regrese el tedio a la ciudad. Hay otros referentes claros de la literatura decimonónica que nos presentan un tipo de ciudad levítica similar que se mantiene y perdura durante el primer franquismo. En *Doña Perfecta* (1876), de Benito Pérez Galdós, se nos habla de la imaginaria Orbajosa, que es ciudad administrativa, sede episcopal, con juzgado, seminario e instituto de enseñanzas medias. Por su parte, Peñascosa, la villa costera provinciana de *La Fe* (1892), de Armando Palacio Valdés, es más pequeña, pero posee una gran desproporción entre número de habitantes y clérigos (Langa Laorga 1994: 172-174).

7.3. Esperpento, humor negro y muerte

Hasta *Plácido*, el humor del cine de Berlanga era crítico y corrosivo, pero no tan negro y esperpéntico como a partir de esta película. Incluso, se ha llegado a decir que el humor de filmes como *Calabuch* es muy blanco y pierde el carácter crítico de obras anteriores como *Bienvenido Mister Marshall* o *Esa pareja feliz*. A partir de *Plácido* comienza la colaboración de Berlanga y Azcona en lo que a guion se refiere, y el guionista riojano dotará, en parte, de una mayor negritud a los guiones que escribirá con Berlanga, aunque este no esté convencido totalmente de ello, ya que ha afirmado en algunas ocasiones que todas sus películas escritas con Azcona parten de ideas suyas y que la influencia del logroñés no estriba en lo que la gente dice, anciano muerto y humor negro, sino en un sentido estructural de la historia que él afirmaba no tener (Cañeque y Grau, 1993: 34-35).

El esperpento, en el sentido estricto de la palabra y siguiendo a quienes lo han analizado en Valle-Inclán y en su inmortal *Luces de bohemia* (1920), es una deformación de la realidad propia de España que tiende hacia lo grotesco, habiendo dos tipos de esperpentos, los genuinos, por naturaleza, que encontramos a nuestro alrededor, y los ficticios o artificiales concebidos por los artistas. Para Valle-Inclán, los esperpentos reales son simple crónica de hechos absurdos y desatinados que se encuentran comúnmente en España y entre los españoles. El esperpento creado, es el producto de una selección y una estructura imaginativa basada en hechos grotescos que fructifican en una ficción (Cardona y Zahareas, 1988: 37-39). Berlanga y Azcona conciben esperpentos creados basados en la triste y desasosegante realidad de las historias que escriben y que confluyen con la miseria moral y real, el absurdo existencial, la negritud y la muerte.

Y es que, con *Plácido*, la muerte aparece por primera vez en el cine de Berlanga, al que acompañará en filmes posteriores donde el deceso será el protagonista monográfico, como sucede en *El verdugo*. Sin embargo, el fallecimiento del indigente Pascual en la película y la estrambótica boda con Concheta no proviene de Azcona, sino, como ha señalado Berlanga en varias ocasiones, de un episodio familiar en el que se llevó a cabo un casamiento similar para poder cobrar una pensión de viudedad (Cañeque y Grau, 1993: 38). El propio director estaba defraudado con el resultado de esta secuencia, ya que, según él, la realidad fue más tragicómica y tuvo mayor hondura (Berlanga, 1961: 42). Ciertamente, la realidad siempre supera la ficción, a pesar de que el episodio narrado sea una de las secuencias más recordadas de la película.

Otro momento de la cinta donde la muerte está presente es el del cortejo fúnebre que recorre las calles de la ciudad y que se cruza con la ridícula cabalgata. La banda de música interpreta alegres canciones que contrastan con la solemnidad de la comitiva funeraria. Esa contraposición de lo vital y lo mortal se desarrollará corregida y aumentada en *El verdugo*, a lo largo de toda la película, y en *Vivan los novios*, en la secuencia en que coinciden el funeral y la boda. Para dar un carácter más esperpéntico a la escena, Plácido aparca el motocarro y va a intentar resolver su problema de la letra con el vendedor, que forma parte del cortejo. Por supuesto, todas las situaciones en que aparecen implicados los indigentes generan situaciones esperpénticas y propias del humor negro. Azcona comentaba que en los entierros a los que iba poca gente se llevaban pobres para hacer bulto y que los ricos donaban a los desfavorecidos trajes que les quedaban mal (Soler, 2004). En la secuencia de la estación, se alude a la disponibilidad de los pobres para participar en los funerales o en la campaña de la película.

Berlanga muestra a la perfección en *Plácido* el esperpento, que, por un lado, recoge la tradición literaria y cultural de la España eterna, mientras que, por otro lado, refleja el esperpento social que se legitima hipócritamente desde lo moral y que se concreta en la película en la falsa caridad (Cañeque y Grau, 1993: 35), como comentaremos en el siguiente apartado.

7.4. Indigencia, desigualdad social y falsa caridad

Aparentemente, *Plácido* parece una película que critica la falta de caridad y la existencia de la pobreza en la España franquista. En el contexto del nacional-catolicismo de aquel momento, en una sociedad adoctrinada por dos poderes absolutos, un estado confesional nacido de una denominada cruzada y una Iglesia jerárquica a su servicio, el amor evangélico es sustituido por la caridad corrupta, donde la farsa y la manipulación son los pilares de tal carnaval que anulan a la persona en su realidad más débil, con la tapadera de la fiesta popular de la Navidad, llamando a sentar a un pobre en tu mesa como el gran acto de caridad cristiana.

Esta temática parecía, en primera instancia, el eje sobre el que basculaba la obra y así lo advirtieron algunos de los que escribieron sobre el filme tras su estreno. No obstante, a pesar de ser un tema importante y que merece la pena ser analizado en la cinta, y que no es la primera vez que aparece en el cine de Berlanga, *Plácido*, como ya se ha comentado, es una película sobre la incomunicación humana.

Berlanga veía la idea original de la película como una cosa "reneclairesca", que consideraba eso de los pobres y los ricos como un espectáculo más o menos divertido (Berlanga, 1961: 14). René Clair, admirado por el primer Berlanga, que, junto a Juan Antonio Bardem, dirigiera diez años antes *Esa pareja feliz*, se consideraba seguidor del director francés cronista de la miseria de la posguerra gala. Curiosamente, un año más tarde de hacer *Plácido*, en 1962, Berlanga coincidía con Clair en la película de sketches *Las cuatro verdades*, con historias basadas en las fábulas de La Fontaine, siendo el de Berlanga, *La muerte y el leñador*, mucho más sórdido que el de su referente, *Las dos palomas* (1962). Volviendo a *Esa pareja feliz*, en la secuencia final de este filme había una alusión clara a la indigencia en la España de la posguerra, con la hilera de pobres durmiendo en los bancos de un parque a los que los protagonistas de la película obsequian con regalos que han obtenido en el efímero "día de la pareja feliz", un concurso con el que han sido premiados para pasar un día estupendo en la depauperada capital de España. La pareja protagonista de *Esa pareja feliz* es de clase trabajadora, pero no son indigentes. En un mensaje claramente regeneracionista, en esta última secuencia ayudan a los que están peor que ellos. El "día feliz", además, es efímero, como la cena navideña de la campaña *Cene con un pobre* de *Plácido*. Cuando se acaban ambas cosas, la pareja del filme inicial de Bardem y Berlanga y los pobres del filme que nos ocupa deben volver a la más cruda realidad, al igual que el transportista que da nombre a la película y su familia humilde, que no pobre de solemnidad, que al final del filme se quedan sin cenar y sin la cesta que no ha repartido Julián, tienen una pelea con el jefe del cojo y, al día siguiente, van a seguir siendo igual de desgraciados, pues Plácido tendrá que ahorrar para pagar el nuevo plazo de la letra de su motocarro. Para colmo, se podría haber evitado el sufrimiento del día de Nochebuena intentado pagar la dichosa letra porque el documento carecía de efecto, en palabras del notario.

La pobreza y su representación, así como el tema de la caridad, es una constante en el cine europeo de la posguerra y muy frecuente en algunas películas neorrealistas italianas, como *El limpiabotas* (*Sciuscia* 1946) o las ya citadas *Ladrón de bicicletas* y *Milagro en Milán*, todas ellas de Vittorio de Sica, uno de los cineastas preferidos por Berlanga y que inspira, en parte, con la última película, *Bienvenido Mister Marshall*. Algunas secuencias de estos filmes podrían haber estado perfectamente en *Plácido*. El comedor eclesiástico de *Ladrón de bicicletas* o los pobres que buscan los rayos de sol en *Milagro en Milán* recuerdan bastante a algunas de las situaciones que suceden en el filme de Berlanga. El surrealismo del comedor romano y sus organizadoras remiten claramente a las familias burguesas organizadoras de la campaña de la película española. El frío que pasan los pobres milaneses y el que padecen los indigentes españoles están concebidos en la misma dirección.

Una de las ideas iniciales de Berlanga para escribir el guion de *Plácido* terminaba con un banquete colectivo de pobres y ricos en que comían un pollo, la pechuga para los ricos y el ala para los pobres, y acababan a bofetadas en una batalla campal (Berlanga, 1961: 14). Este banquete no se llevó a cabo en *Plácido*, pero recuerda algo al que acaece en *Viridiana* (1962), de Luis Buñuel, otra de las películas fundamentales del cine español. Tampoco fue la única idea descartada del guion. Otra fue la del ajedrez humano compuesto por pobres y niños, que se desestimó desde producción por la complejidad de la secuencia y el coste de la misma.

Es interesante también la reflexión que la película hace sobre la falsa caridad y la hipocresía de las clases pudientes respecto a los indigentes amparándose en la religión, aunque en *Plácido* la caridad emerge, no como reflejo de la hipocresía social, sino como el único mecanismo de interrelación que existe entre individuos de diferentes estratos en una sociedad dominada por las relaciones de vasallaje (Iglesias, 2021: 179). Según Agustín González, uno de los intérpretes más frecuentes del cine berlanguiano, que en la obra encarna al registrador de la propiedad y futuro yerno de los Helguera, "*Plácido* versa sobre una cosa inexistente llamada caridad, que todo el mundo apunta que existe y es mentira. No existe, no existe" (Soler, 2004). O, como comentan Egido y Gutiérrez, que distinguían dos tipos de caridad en la película: la caridad individual, de hombre a hombre, más interior y la caridad externa, que da motivo a una especie de carnaval, aunque ven toda la película como un tratado de la mala caridad. La falta de caridad expuesta en la película, que no es más que la manifestación de lo que ellos llaman el egoísmo biológico de los hombres, es para ellos lo más valioso de la película (Aranzubia y Nieto, 2021: 95).

Finalizamos este apartado con el villancico que cierra el filme y que alude a la falta de caridad: "En este mundo no hay caridad, ni nunca la ha habido, ni nunca la habrá". Significativo broche de la película para incidir en uno de los temas sobre los que bascula el filme, la falta de caridad y la desigualdad social.

7.5. Las campañas organizadas

La trama de *Plácido* se articula en torno a una supuesta campaña solidaria con los pobres llamada *Cene con un pobre*. El título original de la película también era significativo: *Siente un pobre a su mesa*. La campaña solidaria con los indigentes es de una insolidaridad tremenda, como ya hemos apuntado. No obstante, en el cine de Berlanga ha habido campañas organizadas con diferentes objetivos y no siempre han generado una ola de insolidaridad como sucede en *Plácido*. Así, en *Esa pareja feliz*, hay una campaña publicitaria de un producto, el jabón Florit, con la que los protagonistas de la cinta disfrutan de un día inolvidable con compras en tiendas, comidas en restaurantes y espectáculos nocturnos, que generan que, en la secuencia final, la pareja reparta los regalos obtenidos entre los indigentes de Madrid. Por tanto, la campaña organizada provoca solidaridad, al igual que sucede en *Bienvenido Mister Marshall*, donde las fuerzas vivas de Villar del Río organizan, con el promotor musical de la "máxima estrella de la canción española", la campaña de bienvenida a los estadounidenses, que pasarán de largo, pero provocarán en los habitantes del pueblo una ola de solidaridad regeneracionista para que, entre todos, se paguen los gastos de la mascarada organizada. Ambas son dos películas de inicios de los cincuenta, con dos campañas organizadas que desembocan en la solidaridad y la unión.

La torna solidaria comienza a cambiar con la campaña que las fuerzas vivas de otro pueblo del interior español organizan para hacer creer a la gente que en el pueblo-balneario de Fontecilla se aparece milagrosamente San Dimas. Los impulsores de la campaña, que intentan engañar a la gente del pueblo, salen escarmentados. El comienzo del filme era prometedor y el guion, a priori, uno de los más corrosivos de Berlanga. Desgraciadamente, la entrada en el proyecto de una productora cercana al Opus Dei, así como la acción coercitiva de la censura, provocó que el carácter anticlerical del guion desapareciera de la cinta, excepto en el comienzo, y convirtiera la obra en un filme devoto y moralista con un final afín al regeneracionismo más franquista que presenta al agua como la solución a los males de España. Este simbolismo acuoso es frecuente en varios filmes españoles del momento como *Aquí hay petróleo*, de Rafael J. Salvia u *Orgullo* (1955), de Manuel Mur Oti, por poner dos ejemplos.

Y ya llegamos a *Plácido*, en la que la campaña de acogida navideña de los indigentes es la muestra más flagrante de la insolidaridad humana. El episodio de la muerte de Pascual, con el posterior traslado del cadáver en el motocarro y el desenlace, así lo demuestra. Todos los pobres que cenan en las casas burguesas son despreciados de diferentes maneras. El del notario, borracho perdido, es ninguneado por la familia que le deja durmiendo la cogorza mientras ellos se van a la Misa del Gallo. El del dentista está sentado en la mesa con el perro de las hermanas solteronas, que tratan mejor al animal que a su invitado. Al pobre de los Galán le intentan manipular las respuestas en la conexión radiofónica. Concheta está más sola que la una y piensa que estorba en la noche de la chica y su amante, que se esconde en el armario con el cava para no ser visto por los organizadores de la campaña. Finalmente, Pascual, tras ser casado "in articulo mortis" y fallecer, es tapado con una manta vieja para ser trasladado con nocturnidad y alevosía a la vivienda que comparte en pecado mortal con Concheta. Más insolidaridad y crueldad es imposible. Y todo ello viene generado por la campaña que supuestamente pretende lo contrario.

La idea de la campaña de *Plácido* es recogida por Berlanga en su primera película sin Azcona, *Todos a la cárcel*, donde la premisa del filme es similar a la de la cinta que nos ocupa. *El día nacional del preso de conciencia* es una campaña en que políticos y otros personajes pasarán un día en prisión para solidarizarse con los reclusos que, por distintos motivos, están retenidos en la cárcel. Obviamente, tras esa jornada en la trena, todos vuelven a sus vidas, y los presos, como los indigentes de *Plácido*, se quedan igual o peor que como estaban antes. El organizador de la campaña, interpretado por José Sacristán, se llama también Quintanilla, como alusión directa a la película que nos ocupa.

8. Equipo de producción y artístico

8.1. Luis García Berlanga, director

Luis García-Berlanga Martí (1921-2010) es considerado uno de los más grandes directores del cine español de todos los tiempos. Nacido en Valencia el 12 de junio de 1921, su actividad cinematográfica comienza a tomar cuerpo a finales de los años cuarenta, tras entrar en 1947 como alumno en el Instituto de Investigaciones y Experiencias Cinematográficas (I.I.E.C.), la primera escuela de cine de Madrid, auténtico hervidero de nuevos talentos, donde coincide con Florentino Soria, Eduardo Ducay, Agustín Navarro y Juan Antonio Bardem, con quienes llevará a cabo sus proyectos iniciales. Tras realizar dos cortometrajes en el seno de la escuela, *Paseo por una guerra antigua* (1948) y el ejercicio de fin de curso *El circo* (1949), y tras llevar a cabo otra película en pequeño formato titulada *Tres cantos* (1949), obtiene el correspondiente título académico y compagina la dirección de cine con la escritura de guiones. Antes de realizar su primer largometraje, escribe con José Luis Colina *Familia provisional* (1955), y con Bardem *La huida* (1956), guiones dirigidos posteriormente por Francisco Rovira Beleta y Antonio Isasi, respectivamente. También participa, junto a Bardem, Florentino Soria y Agustín Navarro, en el guion colectivo de la película inacabada *Cerco de ira* (1949), para su profesor Carlos Serrano de Osma.

En 1951, codirige con Bardem *Esa pareja feliz*, un soplo de aire fresco en el adocenado cine español del momento. Un año más tarde, en 1952, escribe con Bardem un nuevo guion, *Los bohemios*, y también supervisa los diálogos del filme francés rodado en España *Sangre y luces* (*Sang et lumières*, 1953), de Gerard Rouquier y Ricardo Muñoz Suay.

En 1952, de la mano de la productora UNINCI, lleva a cabo *Bienvenido Mister Marshall*, espaldarazo internacional del cine del valenciano, que marca un antes y un después en el cine español y obtiene, además de dos premios en Cannes, un gran éxito de público y crítica que propicia en 1953 el estreno de la hasta entonces inédita *Esa pareja feliz*. Concebida por Berlanga y Bardem, los problemas de este último con la productora propician la ruptura entre ambos realizadores y la dirección en solitario del filme por parte de Berlanga.

Las tres obras que completan la primera etapa del cine del valenciano son *Novio a la vista*, de la mano de Benito Perojo como productor y Edgar Neville como argumentista y guionista, y las coproducciones con Italia, *Calabuch*, ambientada en un idílico pueblo mediterráneo, y *Los jueves milagro*, mordaz crítica de las apariciones marianas y la película que más sufre con la censura de toda su filmografía. En este período, Berlanga no descuida su faceta de guionista. Con el italiano Cesare Zavattini y con Ricardo Muñoz Suay escribe *El gran festival* y *Cinco historias de España*, interesante obra compuesta de cinco partes: *Pastor*, *Las Hurdes*, *Soldado y criada*, *Emigrantes* y *Capea*. En 1955 concibe *Los gancheros*, con argumento de José Luis Sampedro, proyecto de película que también fue prohibido por la censura.

En 1959 comienza una nueva etapa en la obra de Berlanga. Su cine regresa al medio urbano, tras las experiencias rurales de la etapa precedente, y estará mediatizado por el trabajo conjunto que llevará en los guiones de sus obras con Rafael Azcona, quien dotará de mayor acidez, negrura, desencanto y absurdo a las películas del valenciano. A modo de aperitivo, la colaboración entre ambos comienza en 1959 con un episodio piloto para una serie televisiva sobre los timos titulado *Se vende un tranvía*, codirigido por Juan Estelrich. Ya metidos en los sesenta, Berlanga rueda sus dos mejores películas, en las que se vislumbra claramente la pluma de Azcona. De ese modo, *Plácido* supone la única nominación al Oscar del genial director, que no consigue finalmente la estatuilla, mientras que *El verdugo* abre una serie de caminos que enlazan con el Berlanga posterior de finales de los sesenta. Entre las dos obras cumbre, Berlanga rueda un sketch para una extraña coproducción internacional denominada *Las cuatro verdades* titulado *La muerte y el leñador*, no exento de negrura y desesperación. Este episodio es muy criticado en su momento, ya que rompe con el ambiente desenfadado de los otros tres capítulos de la película. También interviene en el origen del guion de Pedro Beltrán y Manuel Ruiz Castillo titulado *El extraño viaje* (1964), que, dirigido por Fernando Fernán-Gómez, se convierte en uno de los filmes de culto más controvertidos del cine español.

Los problemas y la polémica suscitada por *El verdugo* impiden a Berlanga sacar otra película adelante hasta 1967, año en que, de la mano del productor Cesáreo González, rueda un extraño filme en Argentina, *La boutique*, que, si bien no funciona por diversas razones, abre la tercera etapa del cine berlanguiano, relacionada con la misoginia y con la mujer como leitmotiv temático. En esta etapa lleva a cabo otras dos curiosas películas, *Vivan los novios*, de 1970, filme ambientado en la costa mediterránea, donde se muestra el contraste entre la España de siempre y la supuesta apertura desarrollista, aspecto que ya se atisbaba en *El verdugo*, y *Tamaño natural*, tercera obra de esta etapa, que, a pesar de rodarse en Francia en 1974, no se estrena hasta 1977 en España, siendo quizás la película que más difiere del resto de la obra del valenciano, al ser una reflexión sobre la soledad y plantear una propuesta menos coral que obras precedentes.

Muerto Franco, Berlanga comienza una nueva era en su cine con la "trilogía nacional", tres películas que muestran las corruptelas y tejemanejes del poder en la España tardofranquista, en la transición a la democracia y en la llegada de los socialistas al poder. *La escopeta nacional*, la realiza poco después de acceder a la presidencia de la Filmoteca Española, que dirigía, en esos momentos, su amigo Florentino Soria. *Patrimonio nacional*, continuación de la anterior, precede a la obtención del Premio Nacional de Cinematografía, un mes antes del Golpe de Estado de Tejero, el 23 de febrero de 1981, hecho que aparece narrado en la última película de la saga, *Nacional III* (1982). El año del "tejerazo", Berlanga obtiene la Medalla de Oro de las Bellas Artes. Con la llegada de los socialistas, tras ser cesado de su cargo en la Filmoteca, en 1983 es homenajeado en Hollywood por la trayectoria internacional de su carrera.

La etapa final de la obra de Berlanga se compone de varias películas descontextualizadas que remiten a momentos pretéritos e, incluso, homenajean obras suyas anteriores. La más original del lote es *La vaquilla*, filme reconciliador ambientado en la Guerra Civil, que debería haber sido rodado en etapas anteriores y que logra un gran éxito de taquilla. En 1986, el valenciano es galardonado con el prestigioso Premio Príncipe de Asturias de las Artes. Al año siguiente rueda la fallida *Moros y cristianos* (1987), una parodia mordaz sobre el mundo de los turroneros alicantinos y el "boom" de los asesores de imagen. Paradójicamente, el año que realiza una de sus peores películas, recibe el Goya honorífico de la Academia del Cine. En 1989 entra como miembro de honor en la Academia de Bellas Artes de San Fernando, siendo el primer cineasta que ingresa en esta prestigiosa institución.

Desde esta fecha hasta 1993, tras un período filmando publicidad y dando cursos y seminarios en diferentes instituciones y universidades, Berlanga rueda en la Cárcel Modelo de Valencia *Todos a la cárcel*, su primera película desde 1959 que no cuenta como guionista con Rafael Azcona. A pesar de no ser su mejor obra y de "plagiar" a *Plácido* y *La escopeta nacional*, obtiene el Goya de la Academia del Cine de España a la mejor película y al mejor director. Un año más tarde, Berlanga supervisa la serie televisiva *Villarriba y Villabajo* (1994), realizada por sus hijos y otros colaboradores suyos habituales como Josecho San Mateo, y dirige *Blasco Ibáñez, la novela de su vida* (1996), biopic televisivo del autor de *Los cuatro jinetes del Apocalipsis*, que sufre múltiples vaivenes hasta ser finalmente llevado a cabo. Su último largometraje, *París-Tombuctú*, que coincide con la obtención de la Medalla de Oro de la SGAE, también busca premisas argumentales de obras precedentes, como *Calabuch* y *Tamaño natural*, y resume, en cierto modo, la carrera de Berlanga, cuyo colofón es un cortometraje, *El sueño de la maestra*

(2002), codirigido con José Luis García Sánchez y que pone punto final a la obra del genio valenciano.

Desde entonces hasta 2010, fecha de su fallecimiento, Berlanga recibe infinidad de homenajes y reconocimientos de todo tipo e índole, entre los que destacamos la Medalla Internacional de las Artes de la Comunidad de Madrid. Entre 2002 y 2003 se celebra el cincuentenario de *Bienvenido Mister Marshall*. La Academia del Cine le homenajea en 2007, y el Instituto Cervantes en 2008. El 13 de diciembre de 2010 se produce la muerte de Luis García Berlanga, dejando, tras de sí, uno de los mejores legados cinematográficos de la historia del cine español.

En 2021 se celebra el centenario del nacimiento de Berlanga con infinidad de actos en España: congresos, seminarios, jornadas, retrospectivas de su obra, exposiciones y publicación de varios libros, así como la filmación de algunos documentales que repasan su obra y que ponen de manifiesto la trascendencia de este cineasta en la cultura española, aunque dejan como aspecto negativo la escasa repercusión que el cineasta y su obra ha tenido en el extranjero, a pesar de los homenajes, la nominación a los Oscars o la obtención de premios y participación en festivales prestigiosos como Cannes. El 12 de junio de 2021, para dar comienzo a su centenario, se procede a la apertura de la caja 1.034 depositada por el director de *Plácido* en el Instituto Cervantes y en la que se guardaba el legado del realizador, compuesto por un ejemplar de la revista francesa *Avant Scène* con el guion de *El verdugo*, una biografía del director escrita por Antonio Gómez Rufo y el guion de *Viva Rusia*, la que iba a ser la cuarta parte de la saga nacional y que finalmente no se llevó a cabo.

8.2. Rafael Azcona, guionista

El riojano Rafael Azcona (1926-2008) fue uno de los mejores guionistas del cine español y es un personaje fundamental para comprender el cine de Berlanga desde 1959 a 1988. La colaboración entre ambos comienza con el divertido piloto televisivo *Se vende un tranvía*, dirigido por Juan Estelrich y codirigido y supervisado por Berlanga, y finaliza con *Moros y cristianos*, una de las peores películas del genio valenciano. Entre medias, otras diez cintas de Berlanga poseen guiones coescritos por Azcona, fundamental en la etapa de las obras cumbre del valenciano (1959-67), compuesta por el sketch de la película colectiva *Las cuatro verdades*, titulado *La muerte y el leñador*, además del telefilme televisivo ya nombrado, la obra maestra *El verdugo*, y la película que nos atañe monográficamente en este libro. De la siguiente etapa berlanguiana, la dedicada a la mujer desde un punto de vista misógino (1967-77), interviene en los tres títulos que la componen: *La boutique*, *Vivan los novios* y *Tamaño natural*. Escribe, asimismo, junto al valenciano, las tres entregas de la saga nacional (1977-84): *La escopeta nacional*, *Patrimonio nacional* y *Nacional III*, y de la etapa final de la filmografía del levantino se encarga del guion de las dos primeras piezas de este período: *La vaquilla* y *Moros y cristianos*.

Es preciso decir que la intervención de Azcona en el cine de Berlanga se antoja fundamental e imprime una serie de características muy interesantes en la filmografía de este que no se vislumbraban en sus obras iniciales. A partir de la llegada del riojano, el cine de Berlanga será más esperpéntico, absurdo y crítico, y estará trufado por el humor negro, la misoginia y una mayor acidez que obras precedentes, donde se vislumbraba una mayor bonhomía. Ya hemos comentado con anterioridad lo que supone el esperpento en Valle-Inclán y como puede repercutir en *Plácido*. En realidad, los guiones de Azcona, no sólo los escritos con Berlanga, tienen ese poso grotesco, tragicómico y esperpéntico procedente del concepto acuñado por el escritor gallego. En la nueva estética deformadora de Valle-Inclán se planteaba un sutilísimo paralelo entre la observada realidad de España y la visión imaginada y grotesca del creador (Cardona y Zahareas, 1988: 43). Azcona como guionista es deudor de lo planteado por el gallego, pero aprovechando la coyuntura y el momento histórico en que vive y escribe. Los personajes de *Plácido* son como títeres, y las situaciones esperpénticas se suceden una detrás de otra, coexistiendo con la ironía. Tras la boda "in articulo mortis" a Concheta le felicitan con un "por muchos años", cuando su marido está a punto de morir o el centinela da el "alto, quien vive", cuando transportan al finado a su domicilio.

El guion de *El verdugo* estará muy cercano a las dos grandes películas de Marco Ferreri de su época madrileña en que el riojano interviene: *El pisito*, codirigida con Isidoro Martínez Ferry, y *El cochecito*. Estas tres obras, junto con *Plácido*, muestran un fresco devastador de la España de los comienzos del desarrollismo aperturista. La amargura y humor negro presente en estos grandes filmes proviene, en gran medida, de la pluma del genio riojano. Con Marco Ferreri seguirá colaborando Azcona cuando el italiano se marche a su país, y coescribe los guiones de algunas películas memorables, como *Marcha nupcial* (*Marcia nuziale*, 1965) o *La gran comilona* (*La grande bouffe*, 1973). Fruto de su colaboración con el trasalpino, escribirá guiones para filmes de otros directores italianos, como Paolo Spinola o UgoTognazzi.

En lo que concierne a España, con el director que más y mejor trabajó el riojano, descontando a Berlanga, es con Carlos Saura, junto al cual redactó los guiones de algunas de sus mejores películas de los sesenta y setenta: *Peppermint Frappé* (1967), *El jardín de las delicias* (1970), *Ana y los lobos* (1973) y *La prima Angélica* (1974), sin olvidarnos de la exitosa y posterior *¡Ay, Carmela!* (1990). Otros guiones memorables de Azcona que no se pueden olvidar son los escritos junto a Fernando Trueba –*El año de las luces* (1986), *Belle époque* (1992) y *La niña de tus ojos* (1998)– o con José Luis Cuerda –*El bosque animado* (1987) y *La lengua de las mariposas* (1999)–. La nómina de realizadores con que trabajó el riojano en su centenar de guiones escritos se completa con José Luis García Sánchez, Pedro Olea, Fernando Fernán-Gómez, José María Forqué, Juan Antonio Nieves Conde, Juan Antonio Bardem o Pedro Masó, por citar algunos nombres importantes en el cine español.

8.3. Alfredo Matas, productor

No se puede entender la figura de Berlanga sin hablar de Alfredo Matas (1920-1996), uno de los productores más interesantes del cine español desde los sesenta hasta mediados de los noventa de la pasada centuria. La primera película que produce Matas a Berlanga es, precisamente, *Plácido*, aunque siempre se ha relacionado más al productor barcelonés con la saga nacional, ya que produce los tres filmes que componen esta trilogía: *La escopeta nacional*, *Patrimonio nacional* y *Nacional III*, así como la exitosa *La vaquilla*. Matas y Berlanga llevaron a cabo cinco películas juntos, entre ellas algunos de los títulos más estimables de la carrera del valenciano, que siempre comentaba que Matas imprimía una personalidad marcada al asumir los proyectos. Asimismo, Matas era el marido de Amparo Soler Leal, una de las actrices más frecuentes de la "troupe" Berlanga que encarnará a la inolvidable

Chus de la "saga nacional" y tiene un pequeño papel de reparto en *Plácido*, la actriz mantenida Marilú.

Tras la producción de la película que nos ocupa, las nuevas disposiciones legislativas que rigieron el cine español en aquellos momentos animaron a Alfredo Matas a contribuir en la producción de algunas obras del llamado Nuevo Cine Español, como *La vida es magnífica* (1964), del francés Maurice Ronet, o las dos primeras películas de Francisco Regueiro, *El buen amor* (1963) y *Amador* (1964) (Riambau y Torreiro, 2008: 549). Estuvo a punto de trabajar con Buñuel en *El discreto encanto de la burguesía* (*Le charme discret de la bourgeoisie*, 1972), pero sus problemas con la censura lo impidieron, aunque la colaboración se materializó en *Ese oscuro objeto del deseo* (*Cet obscur objet du désir*, 1977) (Riambau y Torreiro, 2008: 550). Pero si, aparte de las películas que produjo a Berlanga, por algo se conoce a Alfredo Matas es por impulsar una de las películas más polémicas y representativas del cine español de los setenta: *El crimen de Cuenca* (1979), de Pilar Miró.

Entre esa década y los noventa, Matas produjo películas de algunos de los realizadores más prestigiosos de nuestro cine, como *Mi querida señorita* (1977), de Jaime de Armiñán; *Mi hija Hildegart* (1977), de Fernando Fernán Gómez; *Bearn o la sala de las muñecas* (1985) y *Las bicicletas son para el verano* (1986), de Jaime Chávarri, o *Los restos del naufragio* (1977), de Ricardo Franco.

También produjo filmes de nuevos directores como *El anacoreta* (1977), de Juan Estelrich, o *Barrios altos* (1987), de José Luis García Berlanga, sin olvidar propuestas más comerciales como *Yo, el vaquilla* (1985), de José Antonio de la Loma, exponente del llamado "cine quinqui", o *Las aventuras de Enrique y Ana* (1981), de Tito Fernández.

8.4. Francisco Sempere, director de fotografía

Francisco Sempere (1915-1979) fue uno de los directores de fotografía que más trabajó con Berlanga, siendo uno de los referentes de la tendencia realista en la fotografía del cine español, y un profesional que también llevó a cabo varios títulos de otros directores renovadores del cine español de la época de las Conversaciones de Salamanca, como Nieves Conde o Marco Ferreri. Con el director valenciano participó en la dirección de fotografía, aparte de en *Plácido*, en obras anteriores, como *Calabuch*, *Los jueves milagro*, el episodio piloto televisivo *Se vende un tranvía*, así como, posterior a la película que nos ocupa, *La muerte y el leñador*, el sketch de la película conjunta con René Clair, Allesandro Blasetti y Hervé Bromberger, *Las cuatro verdades*. En cinco ocasiones coincidieron Sempere y Berlanga en un momento importante del cine español y, en el caso del valenciano, en el paso de su primera etapa más rural e ingenua, al comienzo de la colaboración con Azcona desde el 59 con *Se vende un tranvía*. Sempere no participó en la fotografía de *El verdugo* porque la coproducción con Italia impulsó la figura de Tonino delli Colli para ocupar el puesto que en los cinco filmes anteriores ostentara el director fotográfico de *Plácido*.

Según Juan Julio Baena, director de fotografía de *El cochecito* y contemporáneo de Sempere, ambos estaban lastrados por la falta de medios técnicos del momento. El hecho de mostrar la realidad suponía que lo que les rodeaba era bastante feo, por lo que, al no haber belleza en los entornos de las películas realistas, no iban a maquillar la realidad y el feísmo jalonaba tanto las obras de Sempere como las de otros directores de fotografía (Llinás, 1989: 215).

Optar por una fotografía de carácter realista en un momento en que empezaba a eclosionar el llamado Nuevo Cine Español es patente en las citadas películas de Berlanga en que intervino Sempere, pero también en las de José Antonio Nieves Conde y Marco Ferreri en las que participó este director de fotografía. Con el primero, llevó a cabo su trabajo en *Rebeldía* (1954), *Los peces rojos* (1955), *Todos somos necesarios* (1956) y *El inquilino*, mientras que, con el segundo, trabajó en *El pisito* y *Los chicos* (1959).

En las décadas posteriores, Sempere participó en un buen número de producciones cinematográficas con prolíficos cineastas españoles, como *El vikingo* (1972) y *El chulo* (1974), de Pedro Lazaga, o *Dame un poco de amoor* (1968) y *Pecados conyugales* (1969), de José María Forqué. También intervino en algunos spaghetti-westerns, como *Adiós gringo* (1965), de Giorgio Stegani, o *Mestizo* (1971), de Julio Buchs, sin olvidar incursiones en televisión, como un episodio de *Cuentos y leyendas* (*Los ilusos*, 1972), de Pío Caro Baroja y Luis M. Delgado, o algunas de las piezas experimentales de Javier Aguirre en los setenta, *Vibraciones oscilatorias* (1975) o *Exósmosis* (1976), completando más de setenta títulos en tres décadas.

8.5. Miguel Asins Arbó, músico

Aunque nacido en Barcelona circunstancialmente, el compositor Miguel Asins Arbó (1916-1996), vivió desde 1920 en Valencia, adonde retornó su familia tras varios años en la Ciudad Condal. Vinculado musicalmente al ejército español, en la capital del Turia, siendo comandante director militar, ingresó por oposición en el *Cuerpo de Directores de Música del Ejército de Tierra*, siendo el número uno de su promoción y llevando a cabo su labor hasta 1958, año en que se desplazó a Madrid, donde residió a partir de entonces. Se retiró del ejército con el grado de comandante y pasó a ocupar la Cátedra de acompañamiento en el Conservatorio Superior de Música de Madrid. Asins Arbó no solo fue el responsable dentro del cine berlanguiano de la música de *Plácido*, sino también de la de *El verdugo*, *La muerte y el leñador* y la más lejana en el tiempo, *La vaquilla*. Resulta paradójico que Berlanga declarase en varias ocasiones que no le interesaba la música en sus películas, sobre todo en las últimas. No obstante, la colaboración con el músico catalán imbuye a la película que nos ocupa de un ritmo difícil de olvidar, que ya comienza con los títulos de crédito, que recuerdan bastante al inicio de *El verdugo* o a los créditos de *El cochecito*, filmes ambos que tienen bastante relación con *Plácido*.

Asins Arbó comenzó su andadura en los años cincuenta componiendo interesantes bandas sonoras para películas de José Antonio Nieves Conde, firmando la partitura de las estimables *Rebeldía* (su primera banda sonora para este director y para el cine español), *Los peces rojos*, *Todos somos necesarios* o *El inquilino*. En los sesenta, de la mano de Berlanga y Ferreri, llegaron sus trabajos más recordados por la calidad y repercusión de las películas. Aparte de las ya citadas, también compuso la música de *Los chicos*, de Carlos Saura. La etapa ligada a Berlanga y Ferreri se desarrolló en Madrid. A partir de los años setenta y ochenta, su vinculación con el séptimo arte disminuyó, al dedicarse a otras facetas compositivas no relacionadas con el cine. A pesar de todo, en 1985 Berlanga lo recuperó para la banda sonora de *La vaquilla*, y Ricardo Palacios, para poner la música a *Biba la banda* (1987), un filme con muchas similitudes al de Berlanga (Sanz García, 2009).

8.6. José Antonio Rojo, montador

José Antonio Rojo Paredes (1923-1995), uno de los montadores más prolíficos e interesantes del cine español, llevó a cabo la edición de casi trescientas películas entre largometrajes, cortometrajes, documentales y piezas televisivas. Estuvo en activo algo más de cinco décadas y se encargó del montaje de reconocidas obras de la cinematografía española desde los cuarenta hasta los noventa. Casado con la hermana del también montador Pedro del Rey, editor de, entre otras, *El cochecito* y *Viridiana*, y a quien metió en el mundo de la edición cinematográfica, Rojo, al margen de sus méritos como montador, fue uno de los fundadores de la Academia de las Artes y las Ciencias Cinematográficas de España. Como hitos importantes en su trayectoria, al margen de su trabajo en *Plácido*, Rojo llevó a cabo la edición de *La sombra del ciprés es alargada* (1990), de Luis Alcoriza, por la que obtuvo la Medalla del Círculo de Escritores Cinematográficos al mejor montaje.

La edición de *Plácido*, única colaboración entre el montador y Berlanga, fue un reto para Rojo por las pocas posibilidades de corte que le dejaban los largos planos secuencia que jalonan la película. El editor consideraba la película de Berlanga como la cúspide en lo concerniente a la construcción técnica y también aludía a que, cuando afrontaron el montaje final, la cinta contaba con cinco posibilidades de final diferente y que escogieron el más apropiado, el del villancico, que cierra a la perfección la amargura que hay implícita en esta película (Sojo Gil, 2009: 332).

Del resto de las obras editadas por José Antonio Rojo, por citar algunas dentro del maremágnum casi inabordable de su filmografía, mencionaremos varias películas de Rafael Gil, como *La calle sin sol* (1948), *La Señora de Fátima* (1951) o *La guerra de Dios* (1953), así como *Jeromín* (1953) de Luis Lucia, o *Manolo guardia urbano* (1956) y *Las chicas de la Cruz Roja* (1958), de Rafael J. Salvia, dentro del cine más condescendiente y comercial de los cuarenta y cincuenta. De los filmes realistas y rupturistas al dictado oficial, aparte de la película que nos ocupa, acometió el montaje de *El pisito* y *Los chicos*, ambas de Marco Ferreri. De ahí en adelante realizó proyectos de todo tipo, desde documentales televisivos a westerns almerienses, pasando por películas del destape y proyectos más personales, como el ya citado *La sombra del ciprés es alargada*.

8.7. Cassen, actor

Cassen, seudónimo de Casto Sendra Barrufet (1928-1991), fue un prolífico artista catalán que combinó diferentes facetas que lo hicieron muy popular, sobre todo como humorista, a partir de su trabajo en Televisión Española en el programa *En broma* (1961), tras una importante trayectoria radiofónica y teatral con incursiones en el mundillo del music-hall. Compaginó su trabajo como actor en cine y teatro con sus apariciones televisivas como humorista. Pero Cassen era también cuentachistes, imitador, cantante, guionista, creador de revistas musicales y uno de los primeros showmans de la España de la época.

Con un físico corriente, una voz algo ronca y un dominio importante del lenguaje y los sobreentendidos, Cassen debutó como actor con un papel protagonista por el que será recordado siempre, encarnando a Plácido Alonso, el falso protagonista que da título a la película que nos ocupa. En sus poco más de treinta trabajos para la gran pantalla, se le recordará también por encarnar a Martínez, uno de los empleados de banca en la divertida *Atraco a las tres*, de José María Forqué, y por el párroco de la surrealista *Amanece que no es poco* (1989), de José Luis Cuerda. El resto de su filmografía se movió, obviamente, por caminos cercanos a la comedia, trabajando en varias ocasiones con el prolífico Ignacio F. Iquino en filmes como la parodia del cine de espías *07 con el 2 delante* (1966), o películas lamentables como *Busco tonta para fin de semana* (1973) o *La liga no es cosa de hombres* (1973). También participó en algunas de las incursiones del director teatral Alfonso Paso en la gran pantalla, como *Celos, amor y Mercado Común* (1973), o en comedias coyunturales del inefable Mariano Ozores, como *Matrimonios separados* (1969), así como en el filme sobre el cantante gallego Andrés do Barro *La red de mi canción* (1971). Su último trabajo, ya póstumo, fue en la estimable comedia de Emilio Martínez Lázaro, *Amo tu cama rica* (1992).

8.8. José Luis López Vázquez, actor

José Luis López Vázquez (1922-2009) fue, sin duda alguna, uno de los actores más importantes del cine español. Fue uno de los intérpretes preferidos de Berlanga, con el que coincidió en doce ocasiones, por su aspecto físico ideal para encarnar a la perfección al españolito medio. Ya en *Esa pareja feliz*, el actor madrileño hacía una pequeña figuración sin frase en un papelito de tendero. En *Novio a la vista*, encarnó a Juanito Renovales, el joven que intenta impresionar a las Peláez, las hermanas solteronas que veranean en Lindamar. En *Los jueves, milagro*, fue el escéptico párroco de Fontecilla, mientras que, en *Se vende un tranvía*, era uno de los estafadores que quieren vender material austrohúngaro a un paleto llegado a Madrid. En *El verdugo*, López Vázquez iba a encarnar al protagonista de la cinta, pero tuvo que quedarse con el rol de su hermano sastre, ya que la coproducción con Italia llevó a Nino Manfredi hasta este papel. En *Vivan los novios*, fue el reprimido señor de Burgos que se casa por poderes en un pueblo mediterráneo, y en la saga nacional, el pervertido Luis José. También intervino encarnando al asesor Jacinto López en *Moros y cristianos*, y al controvertido padre Rebollo en *Todos a la cárcel*.

El mejor papel que López Vázquez llevó a cabo para Berlanga fue, con permiso del de *Vivan los novios*, el Gabino Quintanilla de *Plácido*, el hijo del de las serrerías, el organizador contumaz de la campaña caritativa navideña, el tipo mediocre que respira mal a causa de la sinusitis. El actor madrileño estaba encantado de trabajar con Berlanga y decía que Luis le llamó para todas sus películas y que las que no pudo hacer fue por incompatibilidad con el teatro o porque pensaba que no encajaba con el personaje. (Belinchón, 2022: 46). Los piropos de Berlanga sobre la conexión que tenía con el actor madrileño lo convierten en su actor fetiche. El valenciano declaraba sin ambages que López Vázquez era su intérprete favorito y el que más aportaba a sus personajes. (Belinchón, 2022: 49).

El resto de la filmografía de López Vázquez es casi inabordable, ya que está acreditado en más de 250 obras audiovisuales entre películas de cine y obras televisivas. Recientemente se ha hecho justicia con este grande del cine español con la publicación del libro *El universo de José Luis López Vázquez* (Varios autores, 2022), donde se puede consultar su filmografía completa en fichas comentadas. El actor madrileño fue un destacado intérprete de comedia, pero destacó asimismo en algunos papeles dramáticos destacados, como los que llevó a cabo en *Mi querida señorita*, de Jaime de Armiñán, travestido de mujer, *Peppermint Frappé* (1967), *La prima Angélica* (1972) o *El jardín de las delicias* (1970), con Carlos Saura, o en *El bosque del lobo* (1969) y *Akelarre* (1984), ambas de

Pedro Olea, sin olvidar su hombre encerrado en la terrorífica *La cabina* (1972), de Antonio Mercero, uno de sus mejores trabajos, ni su *Pajarito de Soto* de *La verdad sobre el caso Savolta* (1979), de Antonio Drove. En comedia y en películas más comerciales, lo recordaremos siempre como el Fernando Galindo, "un admirador, un amigo, un esclavo, un siervo", de *Atraco a las tres*, de José María Forqué, donde coincidió de nuevo con Cassen. También recordaremos a López Vázquez como el "padrino búfalo" de *La gran familia* (1962), el secretario del ayuntamiento de *El turismo es un gran invento* (1968), de Pedro Lazaga, o los papeles que hizo en tándem cómico con Gracita Morales en filmes tan interesantes como *Los palomos* (1964), de Fernando Fernán Gómez, o comerciales como *Sor Citroen* (1967), de Pedro Lazaga, por citar algunos de los que hicieron juntos. Genio inabordable y referente de generaciones de actores, José Luis López Vázquez es la historia del cine español.

9. Bibliografía

Aranzubia, A. y Nieto, J. (2021). Recepción crítica del cine de Berlanga. En Castro de Paz, J. L. y Zunzunegui, S. (eds.). *Furia española. Vida, obra, opiniones y milagros de Luis García Berlanga (1921-2010), cineasta*. Valencia: IVAC/Filmoteca Española, 29-148.

Azcona, R.; Berlanga, L. G.; Colina, J. L. y Font, J. L. (1994). *Plácido (Guion original de la película)*. Madrid: Alma-Plot.

Belinchón, G. (2022). Plácido. En *El universo de José Luis López Vázquez*. Madrid: Notorious, 46-49.

Berlanga, Luis G. (1961). Plácido y yo. *Temas de cine*, 14-15, 11-12.

Berlanga, Luis G. (1994). Así se escribió este guion. En Azcona, R.; Berlanga, L. G.; Colina, J. L. y Font, J. L. *Plácido (Guion original de la película)*. Madrid: Alma-Plot, 5-6.

Berlanga, Luis G. y Azcona, R. (2017). Argumento original de *Siente un pobre a su mesa*. *Revista de Occidente,* 428, 71-84.

Cañeque, C. y Grau, M. (1993). *Bienvenido Mr. Berlanga*. Barcelona: Destino.

Cardona, R. y Zahareas, A. (1988). *Visión del esperpento*. Madrid: Castalia.

Castro de Paz, J. L. y Pérez Perucha, J. (eds.) (2005). *La atalaya en la tormenta: el cine de Luis García Berlanga*. Ourense: Festival de cine de Ourense.

Cobos, J. (1961). Plácido. *Film Ideal*, 84, 19-22.

Company, J. M. (2021). Secretos tras la puerta. Parafilias berlanguianas (de *Tamaño natural* (1973) a *París-Tombuctú* (1999)). En Castro de Paz, J. L. y Zunzunegui, S. (eds.). *Furia española. Vida, obra, opiniones y milagros de Luis García Berlanga (1921-2010), cineasta*. Valencia: IVAC/Filmoteca Española, 93-106.

Franco, J. (2005). *Bienvenido Mister Cagada. Memorias caóticas de Luis García Berlanga*. Madrid: Aguilar.

García Gómez, F. J. (2019). *Ladrón de bicicletas* (*Ladri di biciclette, 1948), de Vittorio de Sica*. Valencia: Nau Llibres.

Hernández Les, J. e Hidalgo, M. (1981). *El último austrohúngaro. Conversaciones con Berlanga*. Barcelona: Anagrama.

— (2021). *El último austrohúngaro. Conversaciones con Berlanga*. Barcelona: Anagrama (edición corregida).

Iglesias, J. (2021). Diccionario berlanguiano. En *El universo de Luis García Berlanga*. Madrid: Notorious, 155-257.

Langa Laorga, M. A. (1994). Literatura y sociedad: la ciudad levítica, modelo sociológico en evolución. *Cuadernos de Historia Contemporánea*, 16, 167-184.

Llinás, F. (1989). *Directores de fotografía del cine español*. Madrid. Filmoteca Española.

Loma, Elvira L. (2011). Una cabecera singular en el cine español: Plácido. Luis García Berlanga, 1961. Una reflexión en su cincuentenario. *Paperback*, 07, 1-12.

Perales, F. (1997). *Luis García Berlanga*. Madrid: Cátedra.

Rajas, M.; Hernández Barral, F. y Baños, M. (2023). El plano secuencia en Berlanga: lenguajes y técnicas de la comedia. *Fotocinema*, 26, 65-90.

Riambau, E. y Torreiro, C. (1998). *Guionistas en el cine español*. Madrid: Cátedra/Filmoteca Española.

— (2008). *Productores en el cine español*. Madrid: Cátedra/Filmoteca Española.

Rivera Blanco, A. (1992) *La ciudad levítica. Continuidad y cambio en una ciudad de interior (Vitoria, 1876-1936)*. Vitoria-Gasteiz: Diputación Foral de Álava.

Sánchez Biosca, V. (1989). *Fotografía y puesta en escena en el film español de los años 1940-50*. En Llinás, F.: *Directores de fotografía del cine español*. Madrid: Filmoteca Española.

Sanz García, J. M. (2009). *Miguel Asíns-Arbó, música y cinematografía. Análisis músico-visual de sus composiciones en la filmografía de Luis García Berlanga*. Universidad de Valencia. Tesis doctoral dirigida por los doctores Álvaro Zaldívar y Francisco Carlos Bueno.

Sojo Gil, K. (2009). *Americanos os recibimos con alegría. Una aproximación a Bienvenido Mister Marshall*. Madrid: Notorious.

— (2016). *Guía para ver y analizar El verdugo*. Valencia: Nau Llibres.

Soler, J. (2004). *La ciutat de Plácido*. Documental sobre el rodaje de la película en Manresa.

Varios autores (1996). Perversiones de un soñador (entrevista a Luis García Berlanga). *Revista Nickel Odeon*, número tres, 36-150.

Varios autores (2021). *El universo de Luis García Berlanga*. Madrid: Notorious.

Villena, M. A. (2021). *Berlanga. Vida y cine de un creador irreverente*. Barcelona: Tusquets.

Zubiaur Gorozika, N. (2021) Entre caricias y bofetadas. Berlanga y la censura. En Castro de Paz, J. L. y Zunzunegui, S. (eds.). *Furia española. Vida, obra, opiniones y milagros de Luis García Berlanga (1921-2010), cineasta*. Valencia: IVAC/Filmoteca Española, 183-199.

Zunzunegui, S. e Iturregui, V. (2021). Celuloide carpetovetónico. Los "felices 60" de Azcona y García Berlanga. En Castro de Paz, J. L. y Zunzunegui, S. (eds.). *Furia española. Vida, obra, opiniones y milagros de Luis García Berlanga (1921-2010), cineasta*. Valencia: IVAC/Filmoteca Española, 69-82.